Q&A
収益認識における会計・法人税・消費税の異同点

成松 洋一 著

税務研究会出版局

はしがき

　平成30年3月30日に、企業会計基準委員会から「収益認識に関する会計基準」及び「収益認識に関する会計基準の適用指針」が公表されました。

　この収益認識基準の制定に伴い、法人税法上、収益認識に関する基本的な取扱いが明確化されました。このような企業会計と法人税法の改正等をうけて、平成30年5月には、法人税基本通達の改正も行われています。

　また、これら企業会計と法人税の動きに呼応し、国税庁から消費税の処理例について、「収益認識基準による場合の取扱いの例」も公表されました。

　法人税の考え方、処理方法等は、基本的に収益認識基準と同じ方向性にあるといえますが、異なる点も少なくありません。一方、消費税では、企業会計や法人税の処理と異なる処理が多くみられます。

　そこで、収益認識を巡る諸問題について、『週刊税務通信』（税務研究会刊）紙上（No.3515〜3517、3519〜3521）に「会計上と税務上の収益認識基準の異同点とその調整」と題して、6回にわたり連載をしました。本書は、その連載をベースに、解説に新たな肉付けを行い、また新たな項目を追加して取りまとめたものです。特に、多くの項目に消費税の考え方、処理方法を追加しました。企業会計と法人税と消費税の三つの観点からみた、それぞれの異同点を明らかにしたつもりです。

　本書は、拙著『Q＆A会社法・会計と法人税の異同点』及び『Q＆A法人税と消費税の異同点』（いずれも税務研究会刊）に続く"異同点シリーズ"の第3弾です。前著ともども、ご愛読をいただければ幸いです。

　最後に本書の出版に当たり、税務研究会出版局の皆様方には、大変お世話になりました。厚く御礼を申し上げます。

　平成30年12月

税理士　成松　洋一

目　次

1　適用対象の範囲
- 1-1　収益認識基準と改正法人税の適用対象法人 …………………… 1
- 1-2　中小企業の収益認識基準と改正法人税の適用の可否 ………… 4
- 1-3　収益認識基準と改正法人税の適用対象取引 …………………… 6
- 1-4　収益と原価、費用、損失の処理方法の統一の要否 ………… 9

2　収益認識の基本原則
- 2-1　収益認識基準と法人税の収益認識の基本原則 ……………… 13
- 2-2　収益認識基準と法人税の「収益の額」の相違点 …………… 18

3　収益の計上単位
- 3-1　収益の計上単位の通則 ………………………………………… 21
- 3-2　契約の結合による収益の計上単位 …………………………… 26
- 3-3　契約の区分による収益の計上単位 …………………………… 30
- 3-4　資産の販売等に伴い「品質保証」を行った場合の収益の計上単位 ……………………………………………………………… 36
- 3-5　資産の販売等に伴い「保証サービス」を行った場合の収益の計上単位 ……………………………………………………… 39
- 3-6　商品の販売に伴い「自己発行ポイント等」を付与した場合の収益の計上単位 ……………………………………………… 43
- 3-7　商品の販売に伴い「他社発行ポイント」を付与した場合の処理 ……………………………………………………………… 49
- 3-8　資産の販売対価に利息相当額が含まれる場合の収益の計上単位 …………………………………………………………… 52
- 3-9　その他収益の計上単位の任意適用と強制適用の差異 ……… 57

4　収益の額の算定

- 4-1　収益の額の算定の原則……………………………………59
- 4-2　消費税額等の会計処理における税抜方式と税込方式の可否……64
- 4-3　値引き・値増し・割戻し等の変動対価がある場合の収益の額……………………………………………66
- 4-4　値引き・値増し・割戻し等を変動対価としない場合の処理……71
- 4-5　資産の販売対価に係る金銭債権に貸倒れの可能性がある場合の処理………………………………………75
- 4-6　商品等の返品権付き販売を行った場合の処理………………80
- 4-7　外注先と原材料につき「有償支給取引」を行った場合の処理……………………………………………86
- 4-8　資産の販売等に伴い「現金以外の対価」の支払を受けた場合の処理………………………………………91
- 4-9　資産の販売等に伴いキャッシュバック等を行う場合の処理……95
- 4-10　企業が行う取引の本人取引又は代理人取引の区分…………99

5　収益の計上時期

〔基本原則〕
- 5-1　収益の計上時期の原則……………………………………105
- 5-2　収益の計上時期の特例……………………………………109
- 5-3　取引価格が事後的に変動した場合の修正の経理……………113
- 5-4　収益計上ができる「近接する日」と公正処理基準との関係等………………………………………118

〔棚卸資産の販売収益〕
- 5-5　長期割賦販売等に係る割賦基準（延払基準）の廃止………124
- 5-6　棚卸資産の販売収益の計上時期…………………………128
- 5-7　商品、製品の委託販売による収益の計上時期……………132
- 5-8　商品、製品の「請求済未出荷契約」による収益の計上時期…136
- 5-9　ガス、水道、電気販売の検針日基準による収益計上の可否…140

〔固定資産の譲渡収益〕
 5-10 固定資産の譲渡収益の計上時期・・・・・・・・・・・・・・・・・・・・・・・・143
〔役務の提供収益〕
 5-11 工事の請負収益に対する工事進行基準の適用の可否・・・・・・・147
 5-12 一定の期間にわたる役務提供の収益の計上時期・・・・・・・・・・・151
 5-13 一定の期間にわたる役務提供の収益の額の算定方法・・・・・・・156
 5-14 一時点での役務提供の収益の計上時期・・・・・・・・・・・・・・・・・・・161
 5-15 建設請負等に係る収益の計上時期・・・・・・・・・・・・・・・・・・・・・・・165
 5-16 運送業における航海完了基準の適用の可否等・・・・・・・・・・・・・170
〔使用料等の収益〕
 5-17 資産の賃貸借契約による使用料等の収益の計上時期・・・・・・・174
 5-18 知的財産ライセンスの供与による収益の計上時期・・・・・・・・・178
 5-19 売上高等に基づく知的ライセンスの使用料の収益計上
    時期・・184
〔その他の収益等〕
 5-20 商品券等の発行収益の計上時期・・・・・・・・・・・・・・・・・・・・・・・・・188
 5-21 自己発行ポイント等の行使による収益の計上時期・・・・・・・・・195
 5-22 返金不要なスポーツクラブの入会金等の収益の計上時期・・・199
 5-23 返金不要な保証金、敷金等の収益の計上時期・・・・・・・・・・・・・203

―― 凡　例 ――

法法………………………	法人税法
法令………………………	法人税法施行令
消法………………………	消費税法
消令………………………	消費税法施行令
通法………………………	国税通則法
通令………………………	国税通則法施行令
措法………………………	租税特別措置法
措令………………………	租税特別措置法施行令
基本通達（本文中）……	法人税基本通達
法基通……………………	法人税基本通達
消基通……………………	消費税法基本通達
収益認識基準（本文中）…	収益認識に関する会計基準
基準………………………	収益認識に関する会計基準
適用指針（本文中）……	収益認識に関する会計基準の適用指針
指針………………………	収益認識に関する会計基準の適用指針
消費税取扱い例…………	収益認識基準による場合の取扱いの例

1 適用対象の範囲

1-1 収益認識基準と改正法人税の適用対象法人

Q 平成30年3月に収益認識基準が制定され、これに対応して平成30年度の税制改正において、法人税法に所要の規定が設けられるとともに、基本通達の改正が行われました。
　これら収益認識基準と改正法人税の取扱いは、どのような法人に適用されるのでしょうか。全ての法人が適用対象になるのでしょうか。

A 1　収益認識基準は、会社法上の会計監査人設置会社や金融商品取引法の規制対象会社に対して適用されますが、中小企業であっても、その適用は妨げられません。
2　法人税法の改正規定は全ての法人に適用されますが、中小企業については、基本通達の改正により従来の取扱いが変更されるものではありません。

（解　説）
《企業会計》
(1)　収益認識基準は、会社法上の会計監査人設置会社や金融商品取引法の規制対象会社に対して適用されます。連結財務諸表及び個別財務諸表において同一の会計処理を定めています（基準99項）。
　このような会計監査人設置会社や規制対象会社以外の中小企業には、収益認識基準は適用されません。中小企業は引き続き「企業会計

原則」による会計処理ができます。

具体的には、中小企業は、従来どおり「企業会計原則」によるほか、「中小企業の会計に関する指針」（日本税理士会連合会、日本公認会計士協会、日本商工会議所、企業会計基準委員会）又は「中小企業の会計に関する基本要領」（中小企業庁）を用いることになります。

(2) これらの「中小企業の会計に関する指針」及び「中小企業の会計に関する基本要領」では、その適用対象を金融商品取引法の規制対象会社及び会社法上の会計監査人設置会社を除く会社としています（同指針4項、同要領Ⅰ総論2項）。現在のところ、これらの指針及び基本要領に収益認識基準の考え方を取り込む対応はなされていないようですから、中小企業は、収益認識基準による処理は要しないことになります。

もちろん、中小企業であっても、収益認識基準を適用することは妨げられません（企業会計基準委員会「『収益認識に関する会計基準』の公表」2頁参照）。

(3) なお、収益認識基準は、平成33年4月1日以後開始する事業年度から強制適用されますが、平成30年4月1日以後開始する事業年度又は平成30年12月31日以後終了する事業年度から適用することもできます（基準81項～83項）。

《法人税》

(4) 法人税では、収益認識基準の制定に対応して、平成30年度の税制改正により、法人税法に第22条の2（収益の額）、同施行令に第18条の2（収益の額）が新設されました。

また、出版業等に設定が認められていた返品調整引当金（旧法法53）や長期割賦販売等の収益計上基準である延払基準（旧法法63）は廃止されました。

これらの改正は、収益認識基準の制定に伴い、これに対応しようとするものです。しかし、法人税法は大企業から中小企業まで全ての法人を対象にしますから、これらの改正規定は、大企業だけに適用されるものではなく、中小企業にも適用されます。

（中小企業の適用の可否）

(5) 一方、収益認識基準の制定や法人税法の改正に伴って、平成30年5月に基本通達の収益に関する取扱いの大幅な改正が行われました。

　この基本通達の改正に関して、日本税理士会連合会のホームページ（2018.6.4）に〈国税庁からのお知らせ〉として、次のようなメッセージが掲載されています。すなわち、「中小企業（監査対象法人以外）の会計処理（消費税を含みます。）については、従来どおり企業会計原則、中小企業の会計に関する指針及び中小企業の会計に関する基本要領等によることが認められるため、①返品調整引当金制度の廃止、②長期割賦販売等に該当する資産の販売等について延払基準により収益の額及び費用の額を計算する選択制度の廃止（いずれも経過措置が設けられています。）以外は、今般の通達改正等により従来の取扱いが変更されるものではありません。」と。

(6) また、国税庁のホームページでも、「中小企業の会計処理については、従来どおり企業会計原則等による会計処理が認められることとされていますので、今般の通達改正により従来の取扱いが変更されるものではありません。」といっています（国税庁「『収益認識に関する会計基準』への対応について」）。

　これは、今般の基本通達の改正は収益認識基準に対応するものであり、収益認識基準が中小企業に適用されない以上、今般の改正基本通達は中小企業は適用しなくてよい、ということでしょう。

　しかし、そのことをどの通達のどこで読むのか、明らかではありません。法令、通達は制定、公表されれば、その趣旨や背景を離れた客観的な存在になりますから、趣旨や背景などで判断するというのも、難しいところです。そのため、実務では、各種疑義が生じており（Q1－2参照）、基本通達上の明確化が望まれます。

(7) なお、新法人税法第22条の2及び同施行令18条の2の規定は、平成30年4月1日以後終了する事業年度から適用されます（平成30年改正法附則19、改正法令附則2）。

1-2　中小企業の収益認識基準と改正法人税の適用の可否

Q 収益認識基準と改正基本通達は、中小企業は適用しなくてよい、といわれていますが、これは中小企業にはこれらの適用は認めない、という意味でしょうか。
　もし、中小企業にも適用が認められるとすれば、中小企業は、適宜、自社に都合のよい取扱いを選択して適用してよいのでしょうか。

A　1　**収益認識基準**は、中小企業には全く適用を認めない、ということではなく、中小企業であっても適用することができます。
2　**法人税の改正基本通達**は、中小企業であっても適用が認められ、その適用要件を満たす限り、継続適用に留意しながら、適宜、自社に適用できるものを適用してよいものと考えます。

(解　説)
《企業会計》
(1)　収益認識基準は、会社法上の会計監査人設置会社や金融商品取引法の規制対象会社に対して適用されます（Ｑ１-１参照）。これらの会社にあっては、収益認識基準は強制適用です。
　一方、中小企業であっても、収益認識基準を適用することは妨げられません（企業会計基準委員会「『収益認識に関する会計基準』等の公表」２頁参照）。収益認識基準は、公正妥当な会計処理の基準に該当すると考えられ、そのような基準の適用を中小企業であっても排除する必要はないからでしょう。中小企業に収益認識基準の適用は認めないということではなく、任意適用である、といえましょう。
　その場合、あくまでも、中小企業は、収益認識基準は任意適用ですから、自社に適用できる取扱いがあれば、その適用要件を満たす限り、適用してよいと考えられます。しかし、利益調整を図るような適

用は慎むべきで、継続性を遵守する必要があります。

《法人税》

(2) 国税庁は、収益認識基準の制定に対応する基本通達の改正に関して、「中小企業の会計処理については、従来どおり企業会計原則等による会計処理が認められることとされていますので、今般の通達改正により従来の取扱いが変更されるものではありません。」といっています（国税庁「『収益認識に関する会計基準』への対応について」、Q1-1参照）。

そこで、中小企業は、従来どおりの取扱いを適用し、今般の基本通達改正で新設され、また、改正された取扱いを適用することはできないのかどうか、問題になります。

(3) しかし、中小企業は「今般の通達改正により従来の取扱いが変更されるものではありません。」といっても、中小企業に改正通達の適用を認めない、ということではないものと考えます。そう解さなければ、中小企業は、例えば、新設された、資産の販売等に伴い保証やポイント等を付与した場合の取扱い（法基通2-1-1の3、2-1-1の7）が適用できず、不合理です。

したがって、中小企業は、改正基本通達のうち、自社に適用できる取扱いがあれば、その適用要件を満たす限り、適用してよいといえましょう。その場合、必ずしも全ての取扱いについて適用する必要はなく、適宜、従来の取扱いと使い分けてよいものと考えます。ただ、継続適用には留意しなければなりません。

1-3　収益認識基準と改正法人税の適用対象取引

> **Q** 収益認識基準と改正法人税法、改正基本通達は、法人の行うどのような取引に適用されるのでしょうか。何か限定はあるのでしょうか。

A 1　**収益認識基準**は、顧客との契約から生じる収益に関する取引に対して適用されますが、固定資産の売却や金融商品取引、リース取引、保険契約などは適用対象外です。
2　**法人税法及び基本通達**は、基本的には収益認識基準と同じ収益に関する取引を対象にしている、といってよいでしょう。

(解　説)
《企業会計》
(1)　収益認識基準は、顧客との契約から生じる収益に関する会計処理及び開示に適用されます（基準3項）。その取り扱う範囲は、「顧客との契約から生じる収益」ですから、顧客との契約から生じるものではない取引又は事象から生じる収益は、収益認識基準では取り扱いません（基準102項）。

　ここで「顧客」とは、対価と交換に企業の通常の営業活動により生じたアウトプットである財又はサービスを得るために、当該企業と契約した当事者をいいます（基準6項）。したがって、通常の営業活動により生じたアウトプットではない固定資産の売却については、収益認識基準の適用範囲に含まれません（基準108項、Q5-10参照）。

(収益認識基準の適用除外取引)
(2)　また、次に掲げる取引については、収益認識基準の適用範囲から除外されます（基準3項、103項〜108項）。
　イ　「金融商品会計基準」の範囲に含まれる金融商品に係る取引

ロ　「リース取引に関する会計基準」の範囲に含まれるリース取引
　ハ　保険法における定義を満たす保険契約
　ニ　顧客又は潜在的な顧客への販売を容易にするために行われる同業他社との商品又は製品の交換取引（例えば、2つの企業の間で、異なる場所における顧客からの需要を適時に満たすために商品又は製品を交換する取引）
　ホ　金融商品の組成又は取得に際して受け取る手数料
　ヘ　「不動産流動化実務指針」の対象となる不動産（不動産信託受益権を含む。）の譲渡

　更に、契約コストの定めは、収益認識基準の適用範囲に含まれません。ここに「契約コスト」とは、契約獲得の増分コスト及び契約を履行するためのコストをいいます（基準109項）。この契約コストを資産の取得価額に算入するかどうかという問題です。

《法人税》

(3)　収益認識基準の制定に対応して、平成30年度の税制改正で法人税法に第22条の2（収益の額）、同施行令に第18条の2（収益の額）が創設されました。

　その法人税法第22条の2では、「資産の販売若しくは譲渡又は役務の提供」に関して、収益の計上時期と計上すべき収益の額の取扱いが定められています。収益認識基準と違い「財又はサービス」とはいっていませんが、基本的には同じ取引の収益を対象にしている、といえましょう。

　ここで、資産の販売若しくは譲渡又は役務の提供（資産の販売等）に資産の賃貸取引が含まれるかどうか議論があります。この点、土地や建物の賃貸は、その土地や建物を使用、利用するというサービスの提供ですから、資産の販売等に含まれます（法基通2-1-29参照）。

　逆に、資産の販売等に含まれない取引に、例えば、預貯金の預け入れから生じる利息収入や有価証券投資から生じる配当収入や利息収入が考えられます。その点では、法人税法第22条の2における資産の販売等は、法人が行う全ての取引を網羅しているわけではありません。

その結果、利息収入や配当収入については、法人税法第22条の2に規定する収益計上時期や収益の額に関する取扱いは適用がない、ということになります。

(4)　改正基本通達では、資産の販売若しくは譲渡又は役務の提供について、「収益認識基準の適用対象となる取引に限る。」と限定し、これを「資産の販売等」と定義しています（法基通2-1-1）。また、「役務の提供」に関しても、「収益認識基準の適用対象となる取引に限る。」としています（法基通2-1-21の2）。

　この「収益認識基準の適用対象となる取引に限る。」というのは、上述した収益認識基準の適用範囲に含まれない取引を除外した取引が、基本通達でもその取扱いの対象になる、ということです。

　その意味では、収益認識基準と法人税法、基本通達は、同じ収益に関する取引を対象にするものといえましょう。

1-4 収益と原価、費用、損失の処理方法の統一の要否

> **Q** 収益認識基準と改正法人税法、改正基本通達は、収益に関する処理に適用され、原価や費用、損失の処理まで定めたものではない、と理解しています。
> そうしますと、例えば、商品の売手は検収基準で収益計上し、その買手は出荷基準で費用計上する、ということが認められるでしょうか。税務調査で両者の、そのような処理が発見された場合、問題にされるようなことはないでしょうか。

A 1 **収益認識基準**は、原価や費用、損失に関する会計処理まで定めたものではなく、収益認識基準を適用する売手の処理に買手が影響を受けることはありませんから、ご質問の売手、買手の処理は認められるものと考えます。
2 **法人税**にあっても、ご質問のような、商品の売手と買手の処理は、いずれも公正妥当な会計処理の基準である以上、認められるものと考えますが、税務調査の際に議論にはなるかもしれません。

(解　説)
《企業会計》
(1) 収益認識基準は、顧客との契約から生じる収益に関する会計処理及び開示に適用されます（基準3項）。顧客との取引から生じる原価や費用、損失に関する会計処理まで定めたものではありません。

　もっとも、工事契約について、工事損失が生じる場合には、工事損失引当金を計上する、といった取扱いが示されています（指針90項、162項、指針〔設例30〕）。受注制作のソフトウエアについても、工事契約に準じて処理します（指針91項、163項）。

　このように、収益認識基準に損失に関する取扱いがないわけではあ

(2) ご質問のような、商品の売手は検収基準で収益計上し、その買手は出荷基準で費用計上するという例は、従来から見られるところです。それについて、会計監査上、商品の売手と買手の処理は、表裏一体、ミラーでなければならない、といった指摘はされていないものと思われます。そもそも、相手方がどのような処理をしているかは、知るよしもありません。

　収益認識基準の制定後も、収益認識基準を適用する売手の処理に買手が影響を受けることはありませんから、その点は変わらないものと考えます。売手、買手の処理は、いずれも公正妥当な会計処理の基準である、と考えられるからです。

《法人税》

(3) 法人税にあっても、平成30年度の法人税法の改正とその改正を受けた基本通達の改正は、収益に関する考え方、処理を定めたものです。もっとも、返品調整引当金制度の廃止（旧法法53）や売上高から貸倒見込額を控除している場合には、その貸倒見込額は貸倒引当金勘定への繰入額とみなす（法令99）、といった費用に関する改正がないわけではありません。

　しかし、それらの改正も、収益認識基準の制定に対応するものであり、収益認識の考え方から派生した問題です。法人税も、その改正があったからといって、原価や費用、損失に関する処理が従来と変わるものではありません。

(4) そこで、ご質問のような、商品の売手と買手の処理は、いずれも一般に公正妥当と認められる会計処理の基準である以上、認められるものと考えます。売手と買手は、それぞれ独立した企業であり、一方の処理に引きずられる必要はありません。

　従来から、このような問題はありましたが、税務調査で指摘されるようなことはなかったものと思われます。今後も、売手と買手の処理は、表裏一体、ミラーでなければならない、といった指摘はできないものと考えます。

ただ、自己が商品の売手と買手になる場合、例えば、売上は検収基準で、仕入は出荷基準で計上するような処理が認められるかどうかです。そのような処理であっても、否認することはできないものと考えますが、利益調整ではないか、といった議論が生じるかもしれません。

2 収益認識の基本原則

2-1 収益認識基準と法人税の収益認識の基本原則

Q 収益認識基準の制定に対応して、法人税法と基本通達では収益認識を巡る各種の取扱いが明らかにされています。収益認識基準と法人税法、基本通達における考え方、基本原則は、同じなのでしょうか。
　収益認識基準では、顧客との取引を「契約の識別」から始まって「履行義務の充足」まで5つのステップを適用して分析し、収益を認識することになっています。法人税でも、このようなステップを踏んで収益を計上するのでしょうか。

A 1　**収益認識基準**では、収益を認識するために、①契約の識別、②履行義務の識別、③取引価格の算定、④取引価格の配分及び⑤履行義務の充足の5ステップを適用し、収益の計上単位や収益の額、収益の認識時期を判断します。

2　**法人税**に、収益認識基準のような、5ステップを適用して収益を認識するという定めはありませんが、収益の額を除き、結果的には収益認識基準の考え方、取扱いと同様である、とみてよいものと考えます。

(解　説)
《企業会計》
(1)　収益認識基準の基本原則は、約束した財又はサービスの顧客への移

転を、その財又はサービスと交換に企業が権利を得ると見込む対価の額で描写するように、収益を認識することです（基準16項）。

その基本原則に従って収益を認識するために、次のイからホまで5つのステップを適用します（基準17項）。これが収益認識基準の大前提です。

イ　顧客との契約を識別する（契約の識別）。
ロ　契約における履行義務を識別する（履行義務の識別）。
ハ　取引価格を算定する（取引価格の算定）。
ニ　契約における履行義務に取引価格を配分する（取引価格の配分）。
ホ　履行義務を充足した時に、又は充足につれて収益を認識する（履行義務の充足）。

（収益の計上単位の判定基準）

(2)　上記イ、ロ及びニにおける「契約」とは、法的な強制力のある権利及び義務を生じさせる複数の当事者間における取決めをいいます（基準5項）。イ（契約の識別）において、収益認識基準の定めは顧客と合意し、かつ、所定の要件を満たす契約に適用されますから、契約を識別する必要があります。

次に、上記ロ、ニ及びホにおける「履行義務」とは、顧客との契約において、次の①又は②のいずれかを顧客に移転する約束をいいます（基準7項）。この「履行義務」が、収益認識基準を適用するうえで、収益の額や収益の認識時期を左右するキーポイントです。

①　別個の財又はサービス（あるいは別個の財又はサービスの束）
②　一連の別個の財又はサービス（特性が実質的に同じであり、顧客への移転のパターンが同じである複数の財又はサービス）

そこで、ロ（履行義務の識別）では、契約において顧客への移転を約束した財又はサービスが、所定の要件を満たす場合には別個のものであるとして、その約束を各履行義務として区分して識別します。

このイ（契約の識別）によって収益認識基準の適用対象になる契約を識別し、ロ（履行義務の識別）によって一つの契約であっても、その契約に複数の履行義務が含まれている場合には、別個のものとして

収益を認識します。つまり、イとロは収益の計上単位を判定する基準です。

（収益の額の算定基準）

(3) 更に、上記(1)ハ及びニにおける「取引価格」とは、財又はサービスの顧客への移転と交換に企業が権利を得ると見込む対価の額（第三者のために回収する額を除く。）をいいます（基準8項）。そこで、ハ（取引価格の算定）では、変動対価又は現金以外の対価の存在を考慮し、金利相当分の影響及び顧客に支払われる対価について調整を行い、取引価格を算定します。

そして、ニ（取引価格の配分）により、ハで算定された取引価格を、契約において約束した別個の財又はサービスの独立販売価格（財又はサービスを独立して企業が顧客に販売する場合の価格）の比率に基づき、それぞれの履行義務に取引価格を配分します。

つまり、ハとニは、各履行義務の収益の額を算定する基準です。

（収益の計上時期の判定基準）

(4) 最後に、上記(1)ホ（履行義務の充足）が、その履行義務ごとに算定された収益の額を認識する時期を判定する基準です。つまり、約束した財又はサービスを顧客に移転することにより履行義務を充足した時に又は充足するにつれて、その充足した履行義務に配分された額で収益を認識します。

その履行義務は、①所定の要件を満たす場合には一定の期間にわたり充足され、②一定の期間にわたり充足されるものでない場合には一時点で充足されます。履行義務が、①一定の期間にわたり充足される場合には、その一定の期間にわたり収益を認識し、②一時点で充足される場合には、その一時点で収益を認識します。

《法人税》

（収益の計上時期の原則）

(5) 法人税では、平成30年度の税制改正により、収益認識基準の制定に対応して、法人税法に第22条の2（収益の額）、同施行令に第18条の2（収益の額）が創設されました。しかし、これらの規定や基本通達

において、上記収益認識基準のような、5つのステップを適用するといった、収益認識のための基本原則が明らかにされているわけではありません。

　法人税法では、その第22条の2第1項において、資産の販売若しくは譲渡又は役務の提供（資産の販売等）に係る収益の額は、その資産の販売等に係る目的物の引渡し又は役務の提供の日の属する事業年度の益金の額に算入する、とされています。これは、法人税における収益の計上時期の基本原則を表明したものです。

　法人税では、収益の計上時期の基準を「目的物の引渡し又は役務の提供の日」としていますが、目的物の引渡し又は役務の提供の日が、収益認識基準でいう履行義務を充足した時です。その点からみれば、法人税の収益の計上時期も収益認識基準と同様である、といえましょう。

（収益の額の算定の原則）
(6)　また、法人税法第22条の2第4項における、資産の販売等に係る収益の額として益金算入する金額は、その販売・譲渡をした資産の引渡しの時における価額又はその提供をした役務につき通常得べき対価の額に相当する金額とする、ということは、収益の額の算定の基本原則を示しています。

　ただし、この法人税の収益の額は、収益認識基準における収益の額を財又はサービスの顧客への移転と交換に企業が権利を得ると見込む対価の額とすることとは異なっています（Q2-2参照）。

(7)　更に、基本通達における個別、具体的な取引などの取扱いは、収益認識基準の基本原則の考え方や取扱いを反映し、整合的なものが少なくありません。例えば、従来、法人税には収益の計上単位の通則を定めたものは存しませんでしたが、基本通達にはその通則が定められました（法基通2-1-1）。

　その意味では、基本通達にあっても、結果として収益認識基準の基本原則の考え方は、取り入れられているといえましょう。むしろ、収益の額を除き、ほぼそっくり収益認識基準の考え方が導入されてい

2-1 収益認識基準と法人税の収益認識の基本原則　17

る、といっても過言ではありません。

(参　考)
　収益認識基準における収益を認識するための5ステップの適用のフローは、次の図表のようになります（指針〔設例1〕）。

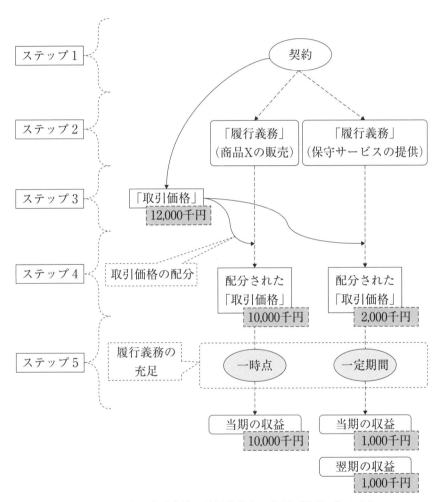

（出典：「収益認識に関する会計基準の適用指針」の設例〔設例1〕より）

2-2 収益認識基準と法人税の「収益の額」の相違点

Q 収益認識基準と法人税の収益認識の考え方、基本原則は、ほぼ同様である、と理解しています。
　しかし、収益認識基準と法人税の「収益の額」に対する考え方は、決定的に違っているといわれています。それは、具体的にどのようなところに表れているのでしょうか。

A　1　**収益認識基準**では、収益は顧客への財又はサービスの移転と交換に「企業が権利を得ると見込む対価の額」ですから、顧客へ移転した財又はサービスの価格ではなく、それと交換に得る権利の価額で認識します。
　2　**法人税**では、収益の額は、その販売・譲渡をした資産又は提供をした役務の時価により算定し、収益認識基準と異なっていますが、具体的には、例えば「現金以外の対価」を受け取った場合の考え方に表れています。

（解　説）
《企業会計》
(1)　収益認識基準の基本原則は、約束した財又はサービスの顧客への移転を、その財又はサービスと交換に企業が権利を得ると見込む対価の額で描写するように、収益を認識することです（基準16項、Ｑ２－１参照）。また、「取引価格」とは、財又はサービスの顧客への移転と交換に企業が権利を得ると見込む対価の額をいいます（基準8項）。
　この収益は「企業が権利を得ると見込む対価の額で描写する」ということは、収益の額は顧客へ移転した財又はサービスの価格ではなく、それと交換に得ると見込む権利（例えば、売掛金や未収金）の価額で認識する、ということでしょう。

その意味で収益認識基準は、収益は資産の増加、負債の減少又は両者の組合せによって生じるという、いわゆる資産・負債アプローチ（取引対価アプローチ）を基本原則としている、と考えられます。

（「現金以外の対価」の支払を受けた場合）

(2)　その考え方が顕著に表れているのが、例えば「現金以外の対価」の取扱いでしょう。

　収益認識基準では、契約における対価が現金以外の場合の取引価格を算定するに当たっては、原則としてその対価を時価により算定する、とされています（基準59項）。これは、例えば、極端な例ですが、商品100の販売対価として株式を受け取った場合、その株式の時価が60であれば、60で収益を認識する、ということでしょう。

　もっとも、実際の取引は、通常、顧客に引き渡す商品と受け取る株式とは等価であることを前提として行われるでしょうから、問題になることは少ないと思われます。収益認識基準にあっても、受け取った株式の時価が60であれば、商品の時価も60である、という等価であることを前提にしているのかもしれません。

《法人税》

(3)　法人税では、資産の販売若しくは譲渡又は役務の提供（資産の販売等）に係る収益の額として益金算入する金額は、その販売・譲渡をした資産の引渡しの時における価額又はその提供をした役務につき通常得べき対価の額に相当する金額とします（法法22の2④）。その場合の「引渡しの時における価額又は通常得べき対価の額」は、原則として資産の販売等につき第三者間で取引されたとした場合に通常付される価額をいいます（法基通2-1-1の10）。

　そのため、「引渡しの時における価額又は通常得べき対価の額」は、資産の販売等につき次に掲げる事実が生ずる可能性がある場合においても、その可能性がないものとした場合における価額とします（法法22の2⑤）。これらの事実は、資産や役務の時価とは関係ない要素であるからです。

　イ　資産の販売等の対価の額に係る金銭債権の貸倒れ

ロ　資産の販売・譲渡に係る資産の買戻し

(4)　このように、収益認識基準が収益の額を、資産の販売等の対価として受け取る権利（資産）の時価で算定するのに対し、法人税は販売・譲渡した資産や提供した役務の時価で認識します。これは、収益認識基準はインプットで、法人税はアウトプットで収益の額を算定する、といえましょう。収益認識基準と法人税の考え方は、違っています。

　上述した現金以外の対価を受け取った商品販売の例でいえば、法人税では益金算入する収益の額は100ということになります。もし、商品の時価も株式の時価も正しいとすれば、その差額は寄附金ないし交際費ではないか、という議論が生ずる可能性があります（Ｑ4-8参照）。

3 収益の計上単位

3-1 収益の計上単位の通則

> **Q** 収益認識基準では、収益の計上単位についての考え方や取扱いが定められています。
> 　従来、法人税には収益の計上単位についての定めはなかったように思われますが、これについて、法人税ではどのような対応をしたのでしょうか。また、消費税にあっては、どうでしょうか。
> 　収益の計上単位の問題は、どのような影響があるのでしょうか。

A 1　**収益認識基準**における収益認識のための5ステップのうち、第1ステップである「契約の識別」と第2ステップである「履行義務の識別」が、その収益の計上単位を決定する基準であり、その識別された顧客との一の契約ごとに、収益計上するのが原則です。

2　**法人税**では、新たに基本通達2-1-1（収益の計上の単位の通則）が設けられ、資産の販売等に係る収益の額は、個々の契約ごとに計上するのが原則です。

3　**消費税**には、資産の譲渡等を行った場合の計算単位を定めた通則的なものはありませんが、原則として顧客との一の取引ごとに、課税取引、非課税取引又は不課税取引かを判定し、消費税額を計算します。

(解　説)
《企業会計》
(1)　収益の計上単位は、形式的に取引の契約単位で収益計上をするのか、あるいは一の契約であっても複数の履行義務が含まれていれば、その対価の額を区分してそれぞれごとに収益を認識するのか、また、複数の契約であっても目的を同じくすれば、結合して収益を認識するのか、という問題です。この収益の計上単位の問題は、収益の計上時期いかん、という問題でもあります。

　　最近では商品や製品の販売とセットでサービスを提供するような複合取引が少なくありませんから、利益調整を防止する観点からも、収益の計上単位の明確化が求められます。

　　収益認識基準における収益認識のための5ステップのうち、第1ステップである「契約の識別」と第2ステップである「履行義務の識別」が、その収益の計上単位を決定する基準となります（Q2-1参照）。

(契約の識別における「契約」の意義)
(2)　ここで第1ステップである「契約の識別」における「契約」とは、法的な強制力のある権利及び義務を生じさせる複数の当事者間における取決めをいいます（基準5項）。その契約における権利及び義務の強制力は法的な概念に基づくものであり、契約は書面、口頭、取引慣行等により成立します（基準20項）。

　　そして、その契約として識別するための要件は、次のイからホまでのものです（基準19項）。この要件を満たさない契約による取引は、収益認識基準の適用対象になりません（基準24項参照）。

　イ　当事者が、書面、口頭、取引慣行等により契約を承認し、それぞれの義務の履行を約束していること
　ロ　移転される財又はサービスに関する各当事者の権利を識別できること
　ハ　移転される財又はサービスの支払条件を識別できること
　ニ　契約に経済的実質があること（すなわち、契約の結果として、企

業の将来キャッシュ・フローのリスク、時期又は金額が変動すると見込まれること）
　ホ　顧客に移転する財又はサービスと交換に企業が権利を得ることとなる対価を回収する可能性が高いこと

（対価の回収可能性の評価）
⑶　上記⑵ホの対価の回収可能性を評価する際に、企業が顧客に価格の引下げを提供する可能性があることにより、対価に変動性がある場合には、企業が権利を得ることとなる対価の額は、契約に記載される価格よりも低くなることを考慮します（基準117項）。

　また、顧客から対価を回収する可能性を評価する際には、顧客の財務上の支払能力及び顧客が対価を支払う意思を考慮しなければなりません（基準118項）。

　これらの状況を勘案しながら、上記５つの要件を全て満たしたものが「契約」として識別され、収益認識基準の適用対象となります。その識別された顧客との個々の契約ごとに、次のステップである「履行義務の識別」等を行うのが原則です（基準18項参照）。この場合、あくまでも「契約」であって、「契約書」ではない点に留意を要します。契約書単位で判断するのではありません。

《法人税》
⑷　法人税には、従来、収益の計上単位を定めた通則的なものはありませんでした。ただし、法人税に収益の計上単位に関する考え方が全くなかったわけではありません。

　例えば、従来から機械設備の販売に伴い据付工事を行った場合の機械設備本体と据付工事は区分して収益計上をしてよい取扱い（法基通２－１－１の２）や技術役務の提供を行った場合の基本設計と部分設計は区分して収益計上ができる取扱い（法基通２－１－１の５）などがあります。

　これらは、収益の帰属時期の特例として定められていましたが、収益の計上単位の考え方である、といえましょう。

　そこで、新たに基本通達２－１－１（収益の計上の単位の通則）が設

けられ、資産の販売等に係る収益の額は、原則として個々の契約ごとに計上することが明らかにされました。これが収益の計上単位の通則です。

収益の計上単位に関して、法人税法には明文の規定はありません。収益認識基準において収益の認識単位の会計処理が定められましたので、法人税法上の収益の計上単位の問題は、同法第22条第4項（一般に公正妥当と認められる会計処理の基準）に根拠を置くものといえましょう。

（対価の回収可能性の評価）

(5) ここで問題になるのは、収益の計上単位を考える上で大前提になる「契約の識別」の範囲が、収益認識基準と同じであるのかどうかです。上述したとおり、収益認識基準では、「対価の回収可能性が高いこと」が契約として識別するための要件の一つになっています。

これに対し、法人税では対価の回収可能性の高低によって、契約として認識するかどうかを判断するには疑義があります。上記(3)のような収益認識基準の考え方からすれば、対価の回収可能性の高低は、貸倒損失の問題として考えるべきではないか、ということです。法人税では、あくまでも収益として計上すべきことになります。

ただ、基本通達2-1-1では、「資産の販売等」を収益認識基準の適用対象になる取引に限る、としています。そのことからすれば、収益認識基準で対価の回収可能性が低く契約として識別されない取引は、基本通達の適用外となり、収益認識基準と同様の結果になるかもしれません。別途、貸倒損失や寄附金、交際費等の課税問題として検討することになりましょう。

《消費税》

(6) 消費税の課税対象は、国内において事業者が行った資産の譲渡等です（消法4）。その「資産の譲渡等」とは、事業として対価を得て行われる資産の譲渡及び貸付け並びに役務の提供をいいます（消法2八）。その資産の譲渡等のうち、消費税が非課税のもの以外のものが、消費税が課される「課税資産の譲渡等」です（消法2九）。

また、消費税には、課税取引及び非課税取引のほか、そもそも消費税とは関係のない、不課税取引があります。

　課税資産の譲渡等に係る消費税の課税標準は、課税資産の譲渡等の対価の額です。その「対価の額」は、対価の額として収受し、又は収受すべき一切の金銭又は金銭以外の物若しくは権利その他経済的利益の額をいいます（消法28）。

　消費税には、資産の譲渡等を行った場合の計算単位を定めた通則的なものはありませんが、原則として個々の契約、すなわち一の取引ごとに、課税取引か非課税取引か不課税取引かを判定し、消費税の額を計算します。

3-2 契約の結合による収益の計上単位

> **Q** 収益認識基準と法人税では、顧客との一の契約ごとに収益計上することを原則としながら、複数の契約を結合して収益計上する場合がある、と聞いています。
> 　複数の契約を結合して収益計上をする場合とは、どのような場合でしょうか。

A　1　**収益認識基準**では、複数の契約は、区分して処理するか単一の契約として処理するかにより、収益認識の時期及び金額が異なる可能性があるため、同一の顧客と同時又はほぼ同時に締結した複数の契約について、所定の要件に該当する場合には、その複数の契約を結合し、単一の契約とみなして処理します。

2　**法人税**でも、同一の相手方と同時期に締結した複数の契約について、その複数の契約において約束した資産の販売等を組み合せて初めて単一の履行義務となる場合には、その複数の契約による資産の販売等の組合せを一単位として収益計上をすることができます。

3　**消費税**は、課税資産の譲渡等に係る消費税額は消費者に転嫁するため、契約時に消費税額を確定させる必要があり、そのような消費税の本質からすれば、原則として、複数の契約を結合するような処理はなじまないものと考えます。

(解　説)
《企業会計》
(原則的な取扱い)
(1)　収益認識基準では、収益は識別された顧客との個々の契約ごとに認識するのが原則です（Q3-1参照）。
　これに対し、同一の顧客（その顧客の関連当事者を含む。）と同時

又はほぼ同時に締結した複数の契約について、次のイからハまでのいずれかに該当する場合には、その複数の契約を結合し、単一の契約とみなして処理します（基準27項）。複数の契約は、区分して処理するか単一の契約として処理するかにより、収益の認識時期及び金額が異なる可能性があるため、次の要件を満たす場合には、複数の契約を結合して単一の契約として処理する、ということです（基準121項）。

イ　その複数の契約が同一の商業的目的を有するものとして交渉されたこと

ロ　1つの契約において支払われる対価の額が、他の契約の価格又は履行により影響を受けること

ハ　その複数の契約において約束した財又はサービスが、履行義務の識別をした結果、単一の履行義務となること

（代替的な取扱い）

(2)　ただし、顧客との契約が次のイ及びロのいずれも満たす場合には、複数の契約を結合せず、個々の契約ごとに履行義務とみなし、個々の金額に従って収益を認識することができます（指針101項）。

イ　顧客との個々の契約が当事者間で合意された取引の実態を反映する実質的な取引単位であると認められること

ロ　顧客との個々の契約における財又はサービスの金額が合理的に定められていることにより、その金額が独立販売価格と著しく異ならないと認められること

　この要件を満たす場合には、個々の契約ごとに収益を認識しても、契約を結合した場合と比べて著しい差異が生じる可能性は低いことから認められている「代替的な取扱い」です。

(3)　また、工事契約又は受注制作のソフトウエアについては、「顧客や締結時期が異なる複数の契約」であっても、当事者間で合意された実質的な取引の単位を反映するように複数の契約を結合した際の収益認識の時期及び金額とその複数の契約について上記により契約を結合する基準の収益の認識時期及び金額との差異に重要性が乏しい場合には、その複数の契約を結合し単一の履行義務と識別することができま

す（指針102項、103項）。

　　これは、上記原則的な取扱いは同一の顧客と同時に締結した複数の契約が対象になっていますが、「顧客や締結時期が異なる複数の契約」であっても、結合することを認める「代替的な取扱い」です。

(4)　更に、船舶による運送サービスについて、一航海の船舶が発港地を出発してから帰港地に到着するまでの期間が通常の期間である場合には、「複数の顧客」の貨物を積載する船舶の一航海を単一の履行義務として収益を認識することができます（指針97項、170項）。

　　これは、「航海完了基準」の適用を認めるということであり、「複数の顧客」をまとめる点で、上記原則的な取扱いに対する「代替的な取扱い」です（Q5-16参照）。

《法人税》

(5)　法人税では、資産の販売等に係る収益の額は、原則として個々の契約ごとに計上します（Q3-1参照）。

　　ただし、同一の相手方及びこれとの間に支配関係等のある者と同時期に締結した複数の契約について、その複数の契約において約束した資産の販売等を組み合せて初めて単一の履行義務となる場合には、その複数の契約による資産の販売等の組合せを一単位として収益計上をすることができます（法基通2-1-1(1)）。

　　例えば、一のシステム開発を受注し、システムの設計・開発とそのシステムのテストが別契約になっている場合、契約を結合して一単位とするような事例が考えられます。

　　これは、上記収益認識基準と同様の考え方によるものです。収益の額は、履行義務の充足時に計上することになりますので、その組み合わされた資産の販売等が完了した時に収益計上をすべきことになります。ただし、これはあくまでも任意適用です。

(6)　なお、基本通達でも、上記収益認識基準の工事契約又は受注制作のソフトウエアの「代替的な取扱い」と同様の定めがされています（法基通2-1-1(注)2）。

　　また、船舶による運送サービスにおける「航海完了基準」につい

て、法人税でもその適用が認められています（法基通2-1-21の11(3)、Q5-16参照）。

《消費税》

(7) 消費税では、個々の契約、すなわち一の取引ごとに、課税取引、非課税取引又は不課税取引かを判定し、消費税の額を計算するのが原則です。

　一方、企業会計や法人税のような、複数の契約を結合し、単一の契約とみなして一単位として処理するような取扱いはありません。

　消費税の課税標準は、あくまでも課税資産の譲渡等の対価の額です（消法28）。取引を行った時に課税取引、非課税取引又は不課税取引かを判定し、課税取引であれば、課税標準たる譲渡対価の額と消費税額を確定させ、その消費税額を顧客に転嫁する必要があります。

　このような消費税の本質からすれば、原則として、複数の契約を結合するような処理はなじまないものと考えます。

　ただ、消費税にも、実質主義の考え方がありますから（消法13参照）、法人税のように、複数の契約において約束した資産の販売等を組み合せて初めて単一の履行義務となるような場合には、その複数の契約による資産の販売等の組合せを一単位として処理するような場面があるかもしれません。すなわち、資産の譲渡等の時期については、契約を結合して考えてよい場合などがありましょう。

3-3 契約の区分による収益の計上単位

Q 収益認識基準と法人税では、顧客との一の契約ごとに収益計上することを原則としながら、複数の契約を結合して収益計上の単位とする場合があります。

逆に、一の契約でありながら、その契約内容を区分して、それぞれ収益計上をするようなことがあるのでしょうか。

A 1　**収益認識基準**では、顧客に約束した財又はサービスについて、所定の要件を満たす場合には、別個のものとします。
2　**法人税**では、一の契約の中に複数の履行義務が含まれている場合には、それぞれの履行義務に係る資産の販売等に区分した単位ごとに収益計上をすることができます。
3　**消費税**では、消費税の本質から課税資産と非課税資産を同一の者に同時に譲渡した場合には、その契約を区分する必要があり、また、契約の実質からみて部分完成の事実がある場合や機械設備販売に伴い据付工事がある場合など、一の契約を区分して処理する考え方があります。

(解　説)

《企業会計》

(1) 収益認識基準における収益認識のための5ステップのうち、第2ステップである「履行義務の識別」は、第1ステップである「契約の識別」とともに、収益の計上単位を決定する基準となるものです。すなわち、一の契約であっても、複数の履行義務が含まれていれば、それぞれの履行義務ごとに収益を認識すべきことになるからです（Q2-1参照）。

その「履行義務の識別」にあっては、契約における取引開始日に、

顧客との契約において約束した財又はサービスを評価し、次のイ又はロのいずれかを顧客に移転する約束の、それぞれについて履行義務として識別します（基準32項、7項）。

　イ　別個の財又はサービス（あるいは別個の財又はサービスの束）
　ロ　一連の別個の財又はサービス（特性が実質的に同じであり、顧客への移転のパターンが同じである複数の財又はサービス）

(2)　上記イの場合、顧客に約束した財又はサービスについて、次のイ及びロの要件のいずれも満たす場合には、別個のものとします（基準34項）。

　イ　その財又はサービスから単独で顧客が便益を享受することができること、あるいはその財又はサービスと顧客が容易に利用できる他の資源を組み合わせて便益を享受することができること

　　──顧客が次の①又は②のいずれかを行うことができる場合には、財又はサービスが別個のものとなる可能性があります（指針5項）。

　　①　財又はサービスの使用、消費、あるいは廃棄における回収額より高い金額による売却
　　②　経済的便益を生じさせる①以外の方法による財又はサービスの保有

　ロ　その財又はサービスを顧客に移転する約束が、契約に含まれる他の約束と区分して識別できること

　　──他の約束と区分して識別できるかどうかの判定に当たっては、その約束の性質が、契約において、その財又はサービスのそれぞれを個々に移転するものか、あるいはその財又はサービスをインプットとして使用した結果生じる結合後のアウトプットを移転するものかを判断します（指針6項）。

　　──特性が実質的に同じ複数の別個の財又はサービスを提供する場合には、その複数の別個の財又はサービスを単一の履行義務として識別します。これは、例えば清掃サービス契約のように、同質のサービスが反復的に提供される契約等に適用されます。清掃サービ

ス契約などは、日々サービスを提供するという複数の履行義務が含まれていますが、コストと比較して便益が小さいため、契約を区分して収益認識はしない、ということです（基準128項）。

(具体的な契約事例)

(3) 例えば、適用指針〔設例5-1〕では、病院の建設請負契約の事例をあげています。その請負契約には、設計、現場の清掃、基礎工事、調達、建設、配管と配線、設備の据付け、仕上げが含まれています。これらのサービスを、それぞれ別個のものとすることができるかどうかです。この設例について、上記(2)イの要件は満たすが、ロの要件は満たさないので、これらのサービスは別個のものではなく、契約で約束した財又はサービスの全てを単一の履行義務として処理する、と判断しています。

一方、適用指針〔設例6-1〕では、ソフトウエア・ライセンスを移転するとともに、インストール・サービスを行い、また、ソフトウエア・アップデート及びテクニカル・サポートを提供する契約をあげています。これらのサービスの提供は、上記(2)イ、ロの要件を満たすので、サービスのそれぞれについて履行義務を識別する、と判断しています。そして、それぞれのサービスの履行義務が、一定期間にわたり充足されるものか、又は一時点で充足されるものかを判定し、収益の認識時期を決定します。

そのほか、契約を区分するかどうかに関して、ソフトウエアのライセンスの供与とインストール・サービスの供与契約（指針〔設例6-2〕）、特許権のライセンス供与と製品の製造承認契約（適用指針〔設例24〕）、フランチャイズのライセンス供与と設備の提供契約（指針〔設例25〕）などがあります。

《法人税》

(4) 法人税では、資産の販売等に係る収益の額は、原則として個々の契約ごとに計上します。ただし、一の契約の中に複数の履行義務が含まれている場合には、それぞれの履行義務に係る資産の販売等に区分した単位ごとに収益計上をすることができます（法基通2-1-1(2)）。

具体的には、例えば、資産の販売等に伴って保証を行った場合（法基通2-1-1の3、Q3-5参照）やポイント等を付与した場合（法基通2-1-1の7、Q3-6参照）、その契約に金融取引が含まれている場合（法基通2-1-1の8、Q3-8参照）には、一の契約に複数の履行義務が含まれているものとして、契約を区分した単位ごとに収益計上をすることができます。

（契約の区分の考え方）

(5) この場合、同一の相手方及びこれとの間に支配関係等のある者と同時期に締結した複数の契約について、次のいずれかに該当するときは、その複数の契約を結合したものを一つの契約とみなして複数の履行義務が含まれているかどうかを判定します（法基通2-1-1（注）1）。

　イ　その複数の契約が同一の商業的目的を有するものとして交渉されたこと。

　ロ　一の契約において支払を受ける対価の額が、他の契約の価格又は履行により影響を受けること。

　これは、契約の結合における考え方と同様のものです（Q3-2参照）。

(6) ただし、この取扱いを適用し、契約を結合し一つの契約とみなすからといって、即そのみなされた契約ごとに収益計上をするわけではありません。その次に、複数の履行義務が含まれているかどうかを判定し、複数の履行義務が含まれていると判定されれば、それぞれの履行義務の充足ごとに収益計上を行います。これは、契約の区分による収益計上の考え方です。

　上記(5)イは、例えば、ゴルフコースとクラブハウスの建設請負が別々の契約であるとしても、その目的はゴルフ場の建設であるから、一つの契約として収益計上をするような場合が考えられます。

　またロは、例えば、機械の販売契約とその据付契約が別々に契約されたとしても、据付費用が機械の販売と同時であるため、通常よりも安くなるような場合です。

　以上の基本通達の取扱いは、収益認識基準と基本的に同じである、

といえましょう。

《消費税》
(消費税の本質からする区分)

(7) 消費税には、課税取引のほか、非課税取引と不課税取引があります。資産の譲渡等を行った場合、まず、その取引が課税取引、非課税取引又は不課税取引かを判定しなければなりません（Q3-1参照）。

　そこで、例えば、土地と建物を同一の者に対し同時に譲渡した場合には、その契約を非課税資産である土地の譲渡と課税資産である建物の譲渡とに区分する必要があります。土地、建物それぞれの譲渡対価の額を、それぞれの時価の比率などをもって、合理的に区分しなければなりません（消令45③、消基通10-1-5）。

　また、一の契約で非課税となる住宅の貸付けと課税となる役務の提供を約している場合には、その対価の額を非課税部分と課税部分とに合理的に区分する必要があります。例えば、有料老人ホーム、ケア付住宅、食事付の貸間、食事付の寄宿舎などです（消基通6-13-6）。

(契約の区分の具体例)

(8) このような、消費税の本質からする契約の区分のほか、一の契約の区分に関して、例えば、次のような取扱いがあります。これは、その取引の実質からみて、複数の資産の譲渡等が含まれている、ということです。

　イ　部分完成基準による資産の譲渡等の時期の特例――一の契約により同種の建設工事等を多量に請け負ったような場合、その全部が完成しないときにあっても、その引渡量に従い資産の譲渡等があったものとする（消基通9-1-8）。

　ロ　機械設備の販売に伴う据付工事による資産の譲渡等の時期の特例――機械設備等の販売に伴い据付工事を行った場合、その据付工事が相当規模のものであり、据付工事に係る対価の額を合理的に区分できるときは、機械設備等の販売代金の額と据付工事の対価の額を区分して、それぞれ資産の譲渡等を行ったものとすることができる（消基通9-1-9）。

ハ　技術役務の提供に係る資産の譲渡等の時期―――設計役務の提供について、基本設計の報酬の額と部分設計の報酬の額が区分されている場合、それぞれの設計が完了する都度、報酬の支払を受けるときは、それぞれ報酬の額が確定した時に役務の提供を行ったものとすることができる（消基通9-1-11）。

ニ　ノウハウの頭金等に係る資産の譲渡等の時期―――ノウハウの設定契約に際して支払を受ける頭金等について、ノウハウの開示が2回以上にわたって分割して行われ、かつ、その頭金等の支払がこれに見合って分割して行われる場合、それぞれその開示をした日に資産の譲渡等があったものとする（消基通9-1-16）。

ホ　割賦販売等により資産の譲渡を行う場合―――その額が契約において明示されている利子又は保証料は、「利子を対価とする貸付金」として非課税とする（消基通6-3-1⑿）。

ヘ　別途収受する配送料等―――その配送料等が課税資産の譲渡対価と明確に区分されている場合には、課税資産の譲渡対価に含めなくてよい（消基通10-1-16）。

　これらは、主として「資産の譲渡等の時期」の問題として取扱いが定められていますが、消費税額の計算単位とみてよいと考えます。

　なお、上記イからホまでのような考え方、取扱いは、法人税でも認められています（法基通2-1-1の2、2-1-1の4～2-1-1の6、2-1-1の9、Q3-9参照）。

3-4 資産の販売等に伴い「品質保証」を行った場合の収益の計上単位

Q 従来、企業会計では、製品や商品の販売に際して、保証を行った場合、将来発生する補修等のための費用を見積もって、製品保証引当金を設定するのが慣行になっています。これに対して、収益認識基準では、いわゆる品質保証を行った場合の取扱いはどのようになったのでしょうか。
　法人税においても、収益認識基準と同じ取扱いでしょうか。

A 1　**収益認識基準**では、約束した財又はサービスに対する保証が「品質保証」のみである場合には、その保証を履行義務とは認識せず、従来どおり、補修費用等の発生に備えて製品保証引当金を設定します。
2　**法人税**では、資産の販売等に伴う保証が「品質保証」のみである場合には、その保証はその資産の販売等とは別の取引単位として収益計上をすることはできないとともに、製品保証引当金の設定は認められません。
3　**消費税**では、あくまでも現に対価の額として収受した金銭の額が課税標準ですから、資産の譲渡等に伴い「品質保証」を行った場合であっても、その対価を区分して処理するようなことはできません。

(解　説)
《企業会計》
(品質保証による製品保証引当金の設定)
(1)　「企業会計原則」では、将来の特定の費用又は損失であって、その発生が当期以前の事象に起因し、発生の可能性が高く、かつ、その金額を合理的に見積ることができる場合には、当期の負担に属する金額

を当期の費用又は損失として引当金に繰り入れることを求めています。その引当金の一つに、製品や商品を販売した際に附した保証に関して、将来生じる補修費用等の発生に備えるための「製品保証引当金」があります（同原則注解（注18））。

そこで、収益認識基準では、約束した財又はサービスに対する保証が、その財又はサービスが合意された仕様に従っているという保証、すなわち「品質保証」のみである場合、その保証について、企業会計原則注解（注18）に定める引当金として処理します（指針34項、指針〔設例16〕）。

(2) これは、例えば、販売した製品が契約に定められた能力や性能を発揮し機能する、というだけの保証（品質保証）であれば、その保証について、独立した履行義務とは認識せず、製品本体の販売収益と区分して収益を認識することはしない、ということです。将来、その品質保証に関して、補修費用等の発生が見込まれるのであれば、それは製品保証引当金として処理します。

なお、品質保証のみであるかどうかの判断に当たって、例えば、財又はサービスに対する保証が法律で要求されている場合には、その法律は、通常、欠陥品を購入するリスクから顧客を保護するためのものですから、その保証は履行義務でないことを示しています（指針37項）。

《法人税》

(3) 法人税には、従来、資産の販売若しくは譲渡又は役務の提供（資産の販売等）に伴い保証を行った場合の取扱いを定めたものはありませんでした。平成10年度の税制改正前には、企業会計と同じような「製品保証等引当金」の設定が認められていましたが、同年度の税制改正により廃止されました。

この点、収益認識基準の制定に対応して、基本通達において資産の販売等に伴い、その販売・譲渡する資産又は提供する役務に対する保証を行った場合において、その保証がその資産又は役務が合意された仕様に従っているという保証のみであるときは、その保証はその資産

の販売等とは別の取引単位として収益計上をすることはできない旨が明らかにされました（法基通2－1－1の3）。

　これは、「品質保証」に対する取扱いであり、品質保証は、資産の販売等本体と独立した履行義務とまではみられないということです。収益認識基準における考え方と全く同じです。ただし、法人税では、製品保証引当金の設定は認められません。

《消費税》

(4)　消費税には、事業者が保証を行った場合の取扱いがあります。すなわち、事業者が信用の保証を行った場合の保証料は、非課税とする取扱いです（消法6①、別表第一、三）。

　しかし、これは人的保証に関するものであり、製品や商品の販売に際して、その製品や商品に対して保証を行った場合の取扱いを定めたものはありません。

　消費税の課税資産の譲渡等による課税標準は、課税資産の譲渡等の対価の額です。その「対価の額」は、対価の額として収受し、又は収受すべき一切の金銭又は金銭以外の物若しくは権利その他経済的利益の額をいいます（消法28）。

　したがって、消費税では、あくまでも現に対価の額として収受した金銭の額が課税標準になりますから、仮に資産の譲渡等に伴い「品質保証」を行った場合であっても、その対価を区分して処理するようなことはできません。

　これは、企業会計や法人税の処理と同じです。

3-5 資産の販売等に伴い「保証サービス」を行った場合の収益の計上単位

> **Q** 収益認識基準では、約束した財又はサービスに対して、品質保証に加えて保証サービスを行った場合には、その取引価格を財又はサービスとその保証サービスに配分して収益を認識することになっています。
> 　これに対して、法人税においては、保証サービスを行った場合の取扱いが明らかにされていませんが、収益認識基準と違った取扱いをする、ということでしょうか。

A　1　**収益認識基準**では、約束した財又はサービスに対して、品質保証に加えて「保証サービス」を行った場合には、その保証サービスは約束した財又はサービスの提供とは別の履行義務であり、取引価格を財又はサービスとその保証サービスに配分して収益を認識します。

2　**法人税**では、保証サービスを行った場合の明文の取扱いはありませんが、資産の販売等の際に品質保証に加えて「保証サービス」を行った場合には、その保証サービスは、履行義務として、資産の販売等とは別の取引単位として収益計上をすることができるものと考えます。

3　**消費税**では、企業会計や法人税において、保証サービスにつき対価を区分して処理した場合であっても、資産の譲渡等を行った時に、その対価の額全額を課税標準として、消費税額を計算します。

(解　説)

《企業会計》

(1)　収益認識基準では、約束した財又はサービスに対する保証が、その財又はサービスが合意された仕様に従っているという保証、すなわち「品質保証」のみである場合には、その保証について、履行義務とは

認識せず、将来発生する保証費用は、企業会計原則注解（注18）に定める製品保証引当金として処理します（指針34項、Ｑ３-４参照）。

これに対して、約束した財又はサービスに対する保証又はその一部が、品質保証に加えて、顧客にサービスを提供する保証、すなわち「保証サービス」を含む場合には、その保証サービスは履行義務であり、取引価格を財又はサービスとその保証サービスに配分して収益を認識します（指針35項）。財又はサービスとその保証サービスについて別々の会計処理をするということです。

（保証サービスを含むかどうかの判断基準）

(2) この場合、財又はサービスに対する保証が、品質保証に加えて、保証サービスを含むかどうかの判断に当たっては、例えば、次のイからハまでの要因を考慮します（指針37項）。

　イ　財又はサービスに対する保証が法律で要求されているかどうか―――その保証が法律で要求されている場合には、その法律は、通常、欠陥品を購入するリスクから顧客を保護するためのものであるから、その保証は履行義務でないことを示していること

　ロ　財又はサービスに対する保証の対象となる期間の長さ―――保証期間が長いほど、品質保証に加えて、保証サービスを提供している場合が多く、その保証サービスは履行義務であること

　ハ　企業が履行を約束している作業の内容―――品質保証を提供するために、欠陥品の返品の配送サービス等、特定の作業を行う必要がある場合には、その作業は、通常、履行義務を生じさせないこと

（保証サービスを含む取引例）

(3) 保証サービスを含む例として、製品の販売について、品質保証とともに、その製品の操作方法について、一定期間内であれば訓練サービスを受ける権利を提供するような場合があります（指針〔設例16〕参照）。この場合には、製品の販売と訓練サービスの提供は、別個のものとして、その対価の額を製品の販売と訓練サービスに配分します。

これは一の契約に二つの履行義務があるものとして、それぞれ履行義務を充足したときに収益を認識します。

3-5 資産の販売等に伴い「保証サービス」を行った場合の収益の計上単位　41

(4)　なお、上述した取扱いは、品質保証に加えて、保証サービスを含む場合のものです。

　これに対して、顧客が財又はサービスに対する保証を単独で購入するオプションを有している場合には、その保証は別個のサービスであり、履行義務として識別し、取引価格の一部をその履行義務に配分します（指針38項）。

　これは、例えば、財又はサービスに対する保証が個別に価格設定される場合又は交渉される場合の取扱いです。当然、財又はサービスとは別個のサービスの提供ということになります。家電量販店が、その家電メーカーの保証のほか、保証料を受け取って独自に保証を提供するような場合です。

《法人税》

(5)　上記収益認識基準の取扱いに対して、法人税では、法人税法にも基本通達にも、資産の販売等に伴って、品質保証に加えて保証サービスを行った場合の、明文の取扱いは定められていません。

　しかし、明文の取扱いがないからといって、保証サービスを行った場合、収益認識基準と異なり、保証サービスを独立した履行義務としては取り扱わない、ということではないものと考えられます。すなわち、「一の契約の中に複数の履行義務が含まれている場合には、それぞれの履行義務に係る資産の販売等」に区分した単位ごとに収益計上をすることができる、という「収益の計上の単位の通則」で判断することになるものと考えます（法基通2-1-1(2)、Q3-3参照）。

(6)　上記(3)のような、製品の販売について、品質保証とともに、その製品の操作方法について、訓練サービスを受ける権利を提供するような場合（指針〔設例16〕）は、法人税にあっても、一の契約の中に複数の履行義務が含まれているものとして処理することになりましょう。すなわち、その保証サービスは、独立した履行義務として認識し、資産の販売等とは別の取引単位として収益計上をすることができるものと考えます。

　保証サービスについて、収益認識基準と違った取扱いを意図するも

のではない、と考えます。

　品質保証に加えて、保証サービスを含むかどうかの判断に当たっては、上記(2)における収益認識基準の考え方が参考になります。

　なお、上記(4)のような保証の場合には、別個の履行義務とします。

《消費税》

(7)　消費税には、製品や商品の販売に際して保証を行った場合の取扱いを定めたものはありません。消費税の課税資産の譲渡等による課税標準は、課税資産の譲渡等の対価の額です。その「対価の額」は、対価の額として収受し、又は収受すべき一切の金銭又は金銭以外の物若しくは権利その他経済的利益の額をいいます（消法28）。

　したがって、消費税では、あくまでも現に対価の額として収受した金銭の額が課税標準になりますから、仮に製品や商品の販売に伴い保証サービスを行った場合であっても、その対価を区分して処理するようなことはできません。

　これは、企業会計や法人税の考え方、処理とは違っています。企業会計や法人税において、その対価の額を区分して処理した場合であっても、消費税では、資産の譲渡等を行った時に、その対価の額全額を課税標準として、消費税額を計算する必要があります。

　ただし、上記(4)のような保証の場合には、その保証料が家電の対価の額と明確に区分されているとすれば、区分して処理してよいものと考えます。

3-6 商品の販売に伴い「自己発行ポイント等」を付与した場合の収益の計上単位

> **Q** 従来、企業会計では、商品の販売の際に顧客にポイントを付与した場合には、その引換費用に備えるためポイント引当金を設定することになっています。
> 収益認識基準の制定により、新たにポイントを付与した場合の取扱いが明らかにされました。これを受けて、法人税でも、商品の販売に伴いポイントを付与した場合の取扱いが明らかにされています。
> その適用取引の範囲や適用要件は、両者は同じでしょうか。

A 1　**収益認識基準**では、企業が商品を販売した顧客にポイント等を付与する場合、そのポイント等の付与が通常の値引きの範囲を超える場合には、商品の販売代金のうちポイント等に係る額は、「契約負債」として計上します。

2　**法人税**でも、顧客に自己発行ポイント等を付与した場合には、商品の販売代金のうちポイント相当額は前受（負債）処理ができ、その適用のための要件が詳細に定められていますが、その基本的な考え方は、収益認識基準と同様である、といえましょう。

3　**消費税**にあっては、商品の販売代金を商品の販売代価相当額とポイント相当額とを区分して、別の取引として処理することはできず、受領した商品の販売代金全額をその販売時において課税標準として、消費税額を計算しなければなりません。

（解　説）
《企業会計》
(1)　収益認識基準では、新たにポイント等を付与した場合の取扱いが明らかにされました。

すなわち、顧客との契約において、既存の契約に加えて追加の財又はサービスを取得するオプションを顧客に付与する場合において、そのオプションがその契約を締結しなければ顧客が受け取れない「重要な権利を顧客に提供」するときは、そのオプションから履行義務が生じるものと認識します。この場合には、将来の財又はサービスが移転する時あるいはそのオプションが消滅するときに収益を認識することになります（指針48項）。

そのオプションが顧客に重要な権利を提供する場合には、顧客は実質的に将来の財又はサービスに対して前払を行っていることになりますから、将来の財又はサービスが移転する時あるいはそのオプションが消滅するときに収益を認識する、ということです（指針140項）。

（重要な権利を顧客に提供する場合の意義）
(2)　ここで「重要な権利を顧客に提供する場合」とは、例えば、追加の財又はサービスを取得するオプションにより、顧客が属する地域や市場における通常の値引きの範囲を超える値引きを顧客に提供する場合をいいます（指針48項）。

そして、顧客に付与したオプションから履行義務が生じると認識した場合には、その履行義務に対して独立販売価格（財又はサービスを独立して企業が顧客に販売する場合の価格）の比率で取引価格を配分します（指針50項、186項）。すなわち、当初の財又はサービスの販売代価の中にオプション相当額が含まれているものとして、両者を区分し、別々に処理する、ということです。

（ポイント引当金の適用廃止）
(3)　追加の財又はサービスを無料又は値引価格で取得するオプションには、販売インセンティブ、顧客特典クレジット、ポイント、契約更新オプション、将来の財又はサービスに対するその他の値引き等が含まれます（指針139項）。

これは、企業が商品を販売した顧客にポイント等を付与する場合の処理の考え方を示したものです。そのポイント等の付与が通常の値引きの範囲を超える場合には、商品の販売代金のうちポイント等に係る

額は、「契約負債」として計上します（指針〔設例22〕参照）。

　ここで「契約負債」とは、財又はサービスを顧客に移転する企業の義務に対して、企業が顧客から対価を受け取ったもの又は対価を受け取る期限が到来しているものをいいます（基準11項）。

　ポイント相当額はこのような「負債」として認識するということですから、単なる費用の引当てである、従来のような「ポイント引当金」の設定は認められません。ポイント引当金は「代替的な取扱い」としても認められていません（指針186項参照）。

《法人税》
（自己発行ポイント相当額の負債処理）

(4)　法人税でも、収益認識基準の取扱いに対応して、法人が資産の販売等に伴いポイントを付与した場合の取扱いが明らかにされました。

　すなわち、資産の販売等に伴い、相手方に「自己発行ポイント等」を付与する場合において、次に掲げる要件の全てに該当するときは、継続適用を条件に、その自己発行ポイント等について当初の資産の販売等とは別の取引に係る収入の一部又は全部の前受けとすることができます（法基通2－1－1の7）。ポイント相当額は負債として計上してよい、ということです。

　イ　その付与した自己発行ポイント等が当初資産の販売等をしなければ相手方が受け取れない重要な権利を与えるものであること。

　ロ　その付与した自己発行ポイント等が発行年度ごとに区分して管理されていること。

　ハ　法人が付与した自己発行ポイント等に関する権利につき、その有効期限が経過したこと、規約等で定める違反事項に相手方が違反したことなどの、その法人の責めに帰さないやむを得ない事情があること以外の理由により一方的に失わせることができないことが規約等で明らかにされていること。

　ニ　次のいずれかの要件を満たすこと。

　　①　その付与した自己発行ポイント等の呈示があった場合に値引き等をする金額が明らかにされており、かつ、将来の資産の販売等

に関して、たとえ1ポイント又は1枚のクーポンの呈示があっても値引き等をすることとされていること。
　② その付与した自己発行ポイント等がその法人以外の者が運営するポイント等又は自ら運営する他の自己発行ポイント等で、①に該当するものと所定の交換比率により交換できることとされていること。

（自己発行ポイント等の意義）

(5) ここで「自己発行ポイント等」とは、ポイント又はクーポンその他これらに類するもので、将来の資産の販売等に際して、相手方から呈示があった場合には、その呈示があった単位数等と交換に、値引きして、又は無償により販売・譲渡又は提供するもので、自社が運営するものをいいます（法基通2－1－1の7）。

　一定単位数に達しないと値引き等の対象にならないもの、割引券（将来の資産の販売等の対価を一定割合で割り引くことを約する証票）、いわゆるスタンプカードのようなものは、自己発行ポイント等に該当しません（法基通2－1－1の7(4)イ(注)）。

(6) そして、自己発行ポイント等が上記の要件を満たすため、別の取引に係る収入の一部又は全部の前受けとして処理する場合には、当初資産の販売等の対価の額を、資産の販売等の収入とポイント相当額とに合理的に割り振ります（法基通2－1－1の7(注)）。当初の資産の販売等と自己発行ポイントによる将来の資産の販売等とは別の取引として処理する、ということです。当初の資産の販売等の収益は、その販売等をしたときに計上しますが、自己発行ポイントによる資産の販売等は、そのポイントの行使があったときに収益計上を行います。

　上述したように、法人税では、自己発行ポイント等のポイント相当額の前受（負債）処理につき詳細な適用要件を付しています。これは、法人税では債務の確定性や実現性などが求められることによるものです。しかし、その基本的な考え方は、収益認識基準と同様である、といえましょう。

　従来、資産の販売等に伴いポイント等を付与した場合の取扱いが明

らかでなく、各種の議論がされていました。その取扱いが明らかにされたことは評価されてよいと思います。

なお、前受負債として区分したポイント相当額の、その後の収益計上の時期などは、基本通達2-1-39の3（自己発行ポイント等の付与に係る収益の帰属の時期）で定められています（Q5-21参照）。

《消費税》

(7) 上述したとおり、法人が商品の販売に伴い自己発行ポイント等を付与した場合、企業会計と法人税にあっては、そのポイント相当額を前受けの負債（契約負債）として認識し、当初の売上金額から控除します。

そこで、消費税にあっても、その控除された後の売上金額が課税売上げとして課税標準になるのかどうかが問題です。

（消費税取扱い例のケース１）

消費税取扱い例のケース１（自社ポイントの付与）では、要旨「家電量販店を展開するA社は、顧客の100円の購入につき10ポイントを付与し、顧客は１ポイントをA社グループの１円の商品と交換することができる。A社は、X1年度に顧客に10,800円の商品を販売し、1,080ポイントを付与した（消化率100％と仮定）。」というケースをあげています。

(8) このケースについて、企業会計と法人税では、次のような処理を行います。

（商品の販売時）

現　　　金　10,800　／　売　　　　上　9,025（＊１）
　　　　　　　　　　　　契　約　負　債　　975（＊２）
　　　　　　　　　　　　仮　受　消　費　税　800

（＊１）10,000円×10,000円／(10,000円＋1,080円)

（＊２）10,000円× 1,080円／(10,000円＋1,080円)

（ポイント使用時）

契　約　負　債　　975　／　売　　　　上　　975

すなわち、商品の販売代価10,000円（税抜き）を、商品の売上げと

ポイントの引換債務(契約負債)に按分します。そして、商品の売上げに按分された9,025円は(商品の販売時)に収益計上し、ポイントの引換債務に按分された975円は、顧客の(ポイント使用時)に収益計上を行う、ということです。

(9) これに対し、消費税では、課税標準は課税資産の譲渡等の対価の額(対価として収受し、又は収受すべき一切の金銭又は金銭以外の物若しくは権利その他経済的な利益の額)です(消法28)。この商品の販売において、実際に対価として収受した金銭は10,000円(税抜き)ですから、この金額が課税標準となります。

したがって、(商品の販売時)には、課税売上げの対価は10,000円、課税売上げに係る消費税額は800円となります。そして、(ポイント使用時)には、そのポイントに対応する代金の収受はありませんから、課税売上げの対価1,000円(消費税額80円)、対価の返還等1,000円(消費税額80円)の両建て処理となり、結果として消費税額はゼロということです。

このように、企業会計・法人税と消費税の処理は異なり、消費税の課税標準のみならず、課税売上割合の計算等に影響を与えます。実務的にはその調整をどうするか、やっかいな問題が生じてくるように思われます。

3-7 商品の販売に伴い「他社発行ポイント」を付与した場合の処理

> **Q** 収益認識基準（適用指針〔設例29〕）では、他社発行ポイントを付与した場合の取扱いが明らかにされています。
> これに対し、法人税には、他社発行ポイントを付与した場合の取扱いがないように思われますが、法人税ではどのように処理するのでしょうか。

A 1 **収益認識基準**では、商品の販売時に顧客に他社ポイントを付与した場合、そのポイントの運営主体である他社に支払うポイント相当額は、「第三者のために回収する額」として未払金に負債計上し、その未払金を除外した金額を売上として収益を認識します。

2 **法人税**では、他社発行ポイントを付与した場合の取扱いの定めはありませんが、他社発行ポイントを付与したときは、その付与時に運営主体である他社に支払うポイント相当額は損金算入することが認められるものと考えます。

3 **消費税**では、他社発行ポイントの付与が、第三者のために回収する額として未払金に負債計上されるという性格からすれば、そもそも消費税とは関係のない、不課税取引である、と考えます。

（解　説）
《企業会計》

(1) 収益認識基準において、収益認識のための5ステップのうち、第3ステップである「取引価格」の算定は、計上すべき収益の額を決定する基準となるものです。顧客との契約における履行義務を充足した時に、又は充足するにつれて、取引価格のうち、その履行義務に配分した額について収益として認識します（基準46項）。

ここで、「取引価格」とは、財又はサービスの顧客との移転と交換に企業が権利を得ると見込む対価の額（第三者のために回収する額を除く。）をいいます（基準8項）。

(2) 他社発行ポイント制度は、他社が運営・発行するポイントを購入して、そのポイントを自社の顧客に付与するものです。

そこで、顧客に対する商品の販売に伴い、他社発行ポイントを付与した場合、その付与したポイント相当額はポイントを発行した他社に支払う義務を負います。この場合、その商品の販売における履行義務に係る「取引価格」を算定するに当たっては、そのポイント相当額は、第三者である他社のために回収した額とし、取引価格から除外します。

つまり、商品の販売時には、そのポイントを発行した他社に支払うポイント相当額は、未払金として負債計上し、その未払金を除いた金額を売上として収益認識することになります（指針〔設例29〕）。

《法人税》

(3) 法人税でも、収益認識基準の制定に対応して、法人が資産の販売等に伴いポイント等を付与した場合の取扱いが明らかにされました（法基通2-1-1の7、Q3-6参照）。しかし、それは自己発行ポイント等の取扱いであって、他社発行ポイントについての定めはありません。

法人が資産の販売等に伴い他社発行ポイントを付与する場合、あらかじめ運営・発行主体である他社と付与条件やポイント相当額の決済方法など契約を結んで、顧客に付与したポイント相当額を当該他社に支払います。グループ法人などが、親会社を運営・発行主体として、グループ法人共通のポイントを付与するような例がみられます。

(4) この他社発行ポイントについても、自己発行ポイント等と同様に、ポイント相当額は顧客が実際にポイントを使用した時に費用計上し、一定期間経過して使用する見込みがなくなったポイントは、その時に収益計上する、という考え方があるかもしれません。

しかし、他社発行ポイントの場合には、顧客に付与したポイント相当額は、その運営・発行主体である他社に支払う義務を負います。仮

に、その付与したポイントを顧客が使用しなかったとしても、その支払ったポイント相当額が返還されることはありません。

したがって、その運営・発行主体である他社に支払ったポイント相当額は、債務が確定したものとして、その確定したときの損金の額に算入することが認められるものと考えます。

そのため、基本通達では、殊更、他社発行ポイント等の取扱いは定められていないものと思われます。

《消費税》

(5) 消費税には、他社発行ポイントを付与した場合の取扱いを定めたものはありません。

企業会計や法人税にあっては、資産の販売等に当たって、他社発行ポイントを付与した場合、そのポイント相当額は、第三者である他社のために回収した額として未払金処理を行って、取引価格から除外し、又は損金の額に算入します。

これに対して、消費税の課税資産の譲渡等による課税標準は、課税資産の譲渡等の対価の額です。その「対価の額」は、対価の額として収受し、又は収益すべき一切の金銭又は金銭以外の物若しくは権利その他経済的利益の額をいいます（消法28）。

したがって、資産の譲渡等に当たって、他社発行ポイントを付与した場合であっても、その対価を区分することはできず、対価の全額が課税標準となるものと考えます。

(6) 一方、そのポイント相当額の支払は、他社発行ポイントの性格からみる限り、消費税にあっては、そもそも消費税とは関係のない、いわゆる不課税取引である、と考えます。

ただし、実務では、運営・発行主体である他社は課税取引として、そのポイントの購入会社に請求し、購入会社は、その請求に基づいて仕入税額控除の対象にしている例もある、といわれています。

他社発行ポイントの処理については、必ずしも確定的な処理は明らかでないものと思われます。

3-8 資産の販売対価に利息相当額が含まれる場合の収益の計上単位

Q 収益認識基準では、顧客との契約に重要な金融要素を含む場合、その重要な金融要素の影響を考慮し、商品の販売収益は、約束した財又はサービスが顧客に移転した時点で、顧客が支払うと見込まれる現金販売価格で認識することになっています。
　法人税でも、同様の取扱いになるのでしょうか。

A 1　**収益認識基準**では、顧客との契約に重要な金融要素が含まれる場合、取引価格の算定に当たっては、約束した対価の額に含まれる金利相当分の影響を調整し、その結果に基づき、収益は、約束した財又はサービスが顧客に移転した時点で、顧客が支払うと見込まれる現金販売価格で認識します。
2　**法人税**でも、資産の販売等に係る契約に金銭の貸付けに準じた取引が含まれていると認められる場合は、継続適用を条件として、その取引に係る利息相当額をその資産の販売等に係る収益の額に含めないことができます。
3　**消費税**にあっては、資産の販売等に係る代価のなかに利息相当額が含まれているとしても、資産の販売等の対価相当額と利息相当額を区分することはできず、販売代価全額を課税標準として消費税額を計算します。

(解　説)
《企業会計》
(1)　収益認識基準における収益認識のための5ステップのうち、第3ステップである「取引価格の算定」における取引価格は、収益の額を決定するための基準です。

その「取引価格」とは、財又はサービスの顧客への移転と交換に企業が権利を得ると見込む対価の額をいいます（基準8項）。この取引価格を算定する際には、「契約における重要な金融要素」の影響を考慮しなければなりません（基準48項(2)）。

　この場合、契約の当事者が明示的又は黙示的に合意した支払時期により、財又はサービスの顧客への移転に係る信用供与についての重要な便益が顧客又は企業に提供される場合には、顧客との契約は重要な金融要素を含むものとします（基準56項）。その重要な金融要素は、信用供与の約束が契約に明記されているか、契約の当事者が合意した条件に含意されているかにかかわらず、存在する可能性があります（基準144項）。

（契約に重要な金融要素が含まれる場合の処理）

(2)　そして、顧客との契約に「重要な金融要素」が含まれる場合、取引価格の算定に当たっては、約束した対価の額に含まれる金利相当分の影響を調整します。その結果、収益は、約束した財又はサービスが顧客に移転した時点で（又は移転するにつれて）、顧客が支払うと見込まれる現金販売価格で認識します（基準57項）。

　ただし、契約の取引開始日において、約束した財又はサービスを顧客に移転する時点と顧客が支払を行う時点の間が1年以内であると見込まれる場合には、重要な金融要素の影響について約束した対価の額を調整しないことができます（基準58項）。

(3)　これは、商品の販売価格のうちに、当事者が明示的又は黙示的に合意したかどうかにかかわらず、金利相当額が含まれている場合には、その販売価格を商品本体の価格と金利相当額に区分して収益の額を算定する、ということです。収益認識基準では、「収益の額の算定」と位置づけています。

　そして、商品本体の価格は、その商品を現金で販売したとした場合の価格とし、その価格で販売時に売上として計上します。販売価格のうちに含まれる金利相当額は、販売代価の支払期間の経過に応じて収益を認識していきます。

《法人税》
（金融要素の存否の判断基準）

(4) 法人税でも、法人が行った資産の販売等の取引に金融要素が含まれている場合の取扱いが明らかにされています。

　すなわち、資産の販売等を行った場合において、次のイに掲げる額及びロに掲げる事実などを総合的に勘案して、その資産の販売等に係る契約に「金銭の貸付けに準じた取引」が含まれていると認められるときは、継続適用を条件として、その取引に係る利息相当額をその資産の販売等に係る収益の額に含めないことができます（法基通2-1-1の8）。

　イ　資産の販売等に係る契約の対価の額と現金販売価格（資産の販売等と同時にその対価の全額の支払を受ける場合の価格）との差額

　　——その差額が大きければ、金銭の貸付けに準じた取引が含まれている可能性が高くなるでしょう。

　ロ　資産の販売等に係る目的物の引渡し又は役務の提供をしてから相手方がその資産の販売等に係る対価を支払うまでの予想される期間及び金利の影響

　　——その予想される期間が長く、その期間に金利が上昇するような気配があれば、金銭の貸付けに準じた取引が含まれている可能性が高くなるでしょう。

(5) これは、収益認識基準の考え方と同じである、といってよいでしょう。法人税では、「重要な金融要素」の存否の判断基準をある程度、具体的に示しています。

　ただ、収益認識基準では、「契約における重要な金融要素」を取引価格すなわち収益の額の算定要素としているのに対し、法人税では収益の計上単位と位置づけています。しかし、いずれにしても、その資産の販売等に係る収益の額と利息相当額を別々に処理してよい、という点では違いはありません。

　これと同じような考え方は、従来から割賦販売等を行った場合の、利息相当額を割賦販売等に係る収益の額に含めないでよい、とする取

扱いにも表れています（旧法基通2－4－11、新法基通2－1－1の9）。
(6) 基本通達2－1－1の8では、割賦販売等を行った場合に限らず、普遍的な取引が適用対象になっています。その適用対象を割賦販売等に限定する必要はありませんから、合理的な取扱いである、といえましょう。

　ただ、上記(4)イ、ロの事実などを「総合的に勘案して」、金銭の貸付けに準じた取引が含まれているかどうかを判断するのも、契約で明示されているような場合は別として、実務的にはなかなか難しいかもしれません。もっとも、金銭の貸付けに準じた取引が含まれていると思われるような取引では、契約で明示されていなくても、当事者間では暗黙の了解があるのが普通である、ともいわれています。上記(1)の収益認識基準が、重要な金融要素は、「契約の当事者が合意した条件に含意されている」というのは、そのような事情を指しているものでしょう。

《消費税》
(7) 上述したとおり、企業会計と法人税にあっては、商品の販売代価の中に認識すべき利息相当額が含まれている場合には、商品の販売代価相当額と利息相当額を別々に処理することができます。

　そこで、消費税にあっても、その利息相当額を控除した後の売上金額が課税売上げとして課税標準になるのかどうかが問題になります。

（消費税取扱い例のケース2）

　消費税取扱い例のケース2（契約における重要な金融要素）では、要旨「企業は顧客Ａとの間で商品の販売契約を締結し、契約締結と同時に商品を引渡した。顧客Ａは契約から2年後に税込対価2,160千円を支払う。契約上、利子を付すことにはなっていないが、信用供与について重要な便益が顧客に提供されると認められる。対価の調整に用いる金利は1％とする。」というケースを示しています。

(8) このケースについて、企業会計と法人税では、次のような処理を行います。

(商品引渡時)
  売　掛　金　2,117,000(＊1)　／　売　　　上　1,957,000
　　　　　　　　　　　　　　　　　　仮受消費税　　160,000
　（＊1）2,160千円÷(1＋0.01)² ＝2,117千円
(1年後)
  売　掛　金　　　21,000　　　／　受取利息　　　21,000(＊2)
　（＊2）2,117千円×0.01＝21千円
(2年後)
  売　掛　金　　　22,000　　　／　受取利息　　　22,000(＊3)
  現　　　金　2,160,000　　　　　売　掛　金　2,160,000
　（＊3）2,160千円－(2,117千円＋21千円)＝22千円

　すなわち、商品の販売対価2,000千円（税抜き）を、商品の売上げと利息収入とに区分します。その結果、（商品引渡時）の売掛金は、利息相当額を控除した2,117千円となります。

(9)　これに対して、消費税の課税標準は、あくまでも2,000千円（税抜き）ですから、（商品引渡時）には、課税売上げの対価2,000千円、課税売上げに係る消費税額160千円となります。

　1年後、2年後には何ら処理を要しません。ただ、企業会計と法人税では受取利息が計上されますから、課税売上割合の計算にあっては、その計算式の分母の資産の譲渡等の対価の額からその受取利息の額を除外するような調整が必要になってきます。

3-9 その他収益の計上単位の任意適用と強制適用の差異

> **Q** 平成30年5月の基本通達の改正において、収益の計上単位の通則が定められるとともに、具体例として資産の販売等に伴い保証を行った場合やポイントを付与した場合などの収益の計上単位に関する取扱いが明らかにされました。
> 　これ以外に、例えば、機械設備等の販売に伴い据付工事を行った場合の取扱いなど、従来、収益の計上時期として定められていたもので、新たに収益の計上単位として定められたものがあります。その中には「計上することができる。」という任意適用のものと、「計上する。」という強制適用のものがありますが、それはなぜでしょうか。

A　1　**法人税**において、その他収益の計上単位の取扱いが、任意適用であるか、強制適用であるかは、実質的にみて複数のサービス提供の強弱や独立性の差異によるものである、と考えます。
2　**消費税**でも、法人税と同様の考え方で処理する取引が明らかにされています。

(解　説)
《法人税》
(1)　法人税において、従来、収益の計上時期の取扱いとして定められていた項目で、収益の計上単位の取扱いとして、通達番号を変えて新たに定められたものがあります。
　　その項目は、次の表の表題のものですが、取扱いの位置づけが変わっただけで、従来の考え方、取扱いの内容と異なるものではありません。

新通達番号	表　　題	旧通達番号
2-1-1の2	機械設備等の販売に伴い据付工事を行った場合の収益の計上の単位	2-1-10
2-1-1の4	部分完成の事実がある場合の収益の計上の単位	2-1-9
2-1-1の5	技術役務の提供に係る収益の計上の単位	2-1-12
2-1-1の6	ノウハウの頭金等の収益の計上の単位	2-1-17
2-1-1の9	割賦販売等に係る収益の額に含めないことができる利息相当部分	2-4-11

(2) 確かに、上記表の新基本通達2-1-1の2と2-1-1の9は、「計上することができる。」又は「含めないことができる。」となっており、これは任意適用を表しています。

　これに対して、上記表の新基本通達2-1-1の4から2-1-1の6までは、「計上する。」とされており、これは強制適用である、といえましょう。

　このような差異は、形式的には一の契約であっても、実質的にみて複数のサービス提供があるかどうかの強弱や独立性の問題である、と考えられます。

　例えば、新基本通達2-1-1の2の機械設備等の販売に伴い据付工事を行った場合の例ですと、その据付工事の規模や手間等の程度に応じて、機械設備等の販売と独立した据付工事といえるのかどうか、断定はできません。そのため、法人の判断に任せるということで任意適用になっている、と考えます。

　一方、新基本通達2-1-1の4の部分完成の事実がある場合には、例えば、多量に建売住宅の建設を請け負った建物の一部は現に引き渡していますから、その時に収益は実現しているとみることができます。そのため、強制適用になっているものと考えられます。

(3) なお、消費税にあっても、上記表の表題のものについては、同様の考え方で処理することが明らかにされています（Q3-3参照）。

4 収益の額の算定

4-1 収益の額の算定の原則

> **Q** 収益認識基準において、収益の額の算定に関する基本的な考え方は、顧客への移転と交換に企業が権利を得ると見込む対価の額で算定する、ということになっています。
> それは法人税においても、同様でしょうか。収益認識基準とは考え方が決定的に異なっている、といわれていますが、どうでしょうか。

A 1 **収益認識基準**では、収益の額は「取引価格」、すなわち財又はサービスの顧客への移転と交換に企業が権利を得ると見込む対価の額で算定します。

2 **法人税**では、収益の額は販売・譲渡した資産又は提供した役務の時価を基準として算定し、収益認識基準の考え方とは異なっています。

3 **消費税**では、その課税標準は、譲渡・貸付けをした資産又は提供した役務の時価をいうのではなく、当事者で実際に授受することとした対価の額であり、その対価の額が時価より低い場合であっても、時価に引き直して消費税額を計算する必要はありません。

(解　説)
《企業会計》
(独立販売価格による取引価格の配分)
(1) 収益認識基準における収益認識のための5ステップのうち、第3ス

テップである「取引価格の算定」は、収益としていくらの額を認識するかという、収益の測定方法を示したものです。すなわち、顧客との契約における履行義務を充足した時に（一時点で）、又は充足するにつれて（一定期間で）、取引価格のうち、その履行義務に配分した額について収益を認識します（基準46項）。

　契約に複数の履行義務が含まれている場合には、収益認識のための第4ステップである「取引価格の配分」により、その取引価格をそれぞれの履行義務に配分します。この場合、それぞれの履行義務に対する取引価格の配分は、財又はサービスの顧客への移転と交換に企業が権利を得ると見込む対価の額を描写するように行います（基準65項）。

　具体的には、契約における取引開始日の独立販売価格（財又はサービスを独立して企業が顧客に販売する場合の価格）を算定し、取引価格をその独立販売価格の比率に基づき、それぞれの履行義務に配分することになります（基準9項、66項）。その配分の際には、契約におけるそれぞれの履行義務の基礎となる別個の財又はサービスについて、契約における取引開始日の独立販売価格を算定します（基準68項）。

　このようにして、それぞれの履行義務に配分された取引価格が、それぞれの収益の額ということになります。

（取引価格を算定する際の影響の考慮）
(2)　ここで「取引価格」とは、財又はサービスの顧客への移転と交換に企業が権利を得ると見込む対価の額（第三者のために回収する額を除く。）をいい（基準8項）、この取引価格の算定に当たっては、契約条件や取引慣行を考慮する必要があります（基準47項）。

　また、その取引価格を算定する際には、次のイからニまでの全ての影響を考慮しなければなりません（基準48項）。次のそれぞれの項目の影響、取扱いについては、後述します（Q4-3～4-6、4-8、4-9、ロについてはQ3-8で既述）。

　　イ　変動対価
　　ロ　契約における重要な金融要素
　　ハ　現金以外の対価

ニ　顧客に支払われる対価

　このような取引価格の定義及び取扱いからみて、取引価格は一般的な意味での取引価格（契約金額等）とは一致しないことが考えられます。

《法人税》
（収益の資産や役務の時価による算定）

(3)　法人税では、資産の販売若しくは譲渡又は役務の提供（資産の販売等）に係る収益の額として益金の額に算入する金額は、その販売・譲渡をした資産の引渡しの時における価額又はその提供をした役務につき通常得べき対価の額に相当する金額（引渡し時の価額等）とします（法法22の2④）。

　この「引渡し時の価額等」とは、原則として資産の販売等につき第三者間で取引されたとした場合に通常付される価額をいいます（法基通2-1-1の10）。これは、資産の販売等による収益の額は、販売・譲渡をした資産や提供した役務の時価を基準として算定する、ということです。もし、法人の行った資産の販売等の対価の額が時価でない場合には、時価に引き直して課税関係を処理します。従来の考え方と異なるものではありません。

　このように、収益の額について、収益認識基準がインプットである企業が権利を得ると見込む対価の額で算定するのに対し、法人税は、アウトプットである資産又は役務の時価を基準として算定します。収益認識基準と法人税で考え方が異なるといえましょう。

（無償取引から収益が生じる根拠）

(4)　以上に述べた、資産の販売等による収益の額は資産や役務の時価を基準として算定するということは、法人税法第22条の2第4項に規定されている問題ですから、ここでいう「資産の販売等」は、収益認識基準の適用対象となる取引に限られません（法基通2-1-1参照）。そのため、時価を基準として収益の額を算定するという考え方は、中小企業であっても適用されます。

　ところで、法人税法第22条第2項では、「無償による資産の譲渡又

は役務の提供」、すなわち無償取引による収益の額も益金の額に算入する旨規定されています。従来から、そもそも無償取引から収益が生ずるというのは、どういうことなのか、その説明をどうするか、各種の議論がみられます。

　この点、法人税法第22条の2第4項は、無償取引からも収益が生ずるということに、より明確、具体的に法的根拠を与えたといえましょう。ただ、本質的に無償取引からも収益が生ずるというのをどう説明するか、という問題は残っているように思われます。

（対価の額が合意されていない場合の処理）

(5)　なお、資産の販売等に係る目的物の引渡し又は役務の提供の日の属する事業年度終了の日までにその対価の額が合意されていない場合には、同日の現況により引渡し時の価額等を適正に見積もります（法基通2-1-1の10なお書き）。あくまでも、資産の引渡し又は役務の提供がある限り、収益を計上すべきである、ということです。これは、旧基本通達2-1-4（販売代金の額が確定していない場合の見積り）と同旨の取扱いです。

　その見積額とその後確定した対価の額が異なるときは、その差額はその確定した事業年度の収益の額を減額し、又は増額します（法基通2-1-1の10(注)1）。

《消費税》

(6)　消費税において、課税対象となる「資産の譲渡等」とは、事業として対価を得て行われる資産の譲渡・貸付け又は役務の提供をいいます（消法2八）。

　そのうち課税資産の譲渡等に係る課税標準は、課税資産の譲渡等の対価の額です。その「対価の額」は、対価として収受し、又は収受すべき一切の金銭又は金銭以外の物若しくは権利その他経済的利益の額をいいます（消法28）。

　すなわち、消費税の課税標準は、譲渡・貸付けをした資産又は提供した役務の時価をいうのではなく、当事者間で実際に授受することとした対価の額です（消基通10-1-1）。仮に、資産の譲渡等の価額が無

償又は低廉であっても、時価に引き直して消費税額を計算する必要はありません。

　無償による資産の譲渡等は、「対価を得て」行われるものではありませんから、そもそも「資産の譲渡等」に該当しません（消基通5－1－2、5－1－5（注））。

(7)　ただし、①負担付贈与があった場合には、負担の価額に相当する金額を課税対象とし（消法2八、消令2①一、45②二、消基通5－1－5）、②役員に対して資産を贈与した場合又はその譲渡対価の額が時価に比して著しく低い場合には、時価でもって譲渡があったものとします（消法4⑤二、28①、消基通5－3－5、10－1－2）。

4-2 消費税額等の会計処理における税抜方式と税込方式の可否

> **Q** 収益認識基準の制定に伴い、消費税の会計処理について、税込方式は認められないとになりました。
> それに対応して、法人税においても、税込経理方式は、認められないことになったのでしょうか。

A 1 **収益認識基準**では、税抜方式を原則的な取扱いとし、消費税額等をその取引価格に含めて処理する税込方式は、「代替的な取扱い」としても認められません。
2 **法人税**では、従来どおり、税抜経理方式のみならず税込経理方式の選択適用が認められます。

（解　説）
《企業会計》
（税込方式の廃止）

(1) 収益認識基準の収益認識のための5ステップのうち、第3ステップである「取引価格の算定」における「取引価格」とは、財又はサービスの顧客への移転と交換に企業が権利を得ると見込む対価の額（第三者のために回収する額を除く。）をいいます（基準8項、47項）。

この対価の額から除かれる「第三者のために回収する額」の典型例は、国及び都道府県に納付する消費税額及び地方消費税額です。資産の販売等に際して顧客から預かる消費税額及び地方消費税額は、国及び都道府県のために回収する額として、取引価格に含まれない、ということです。

そのことは、顧客から預かる消費税等の会計処理について、税抜方式を原則的な取扱いとする、ということを意味しています。消費税額等をその取引価格に含めて処理する税込方式は、「代替的な取扱い」

としても認められません（基準161項、指針〔設例27〕）。

　従来から企業会計では、消費税等の会計処理は税抜方式が原則となっていました（日本公認会計士協会「消費税の会計処理について（中間報告）」第二）。収益認識基準では、その点が更に厳格化されたといえましょう。

(税込方式の廃止に伴う経過措置)

(2)　そこで、収益認識基準の適用初年度において、消費税等の会計処理を税込方式から税抜方式に変更する場合には、会計基準等の改正に伴う会計方針の変更として取り扱われます。したがって、過去の期間に消費税等が算入された固定資産等の取得原価は修正する必要があります。

　ただし、その修正には実務的な対応に困難を伴いますから、適用初年度の期首より前までに税込方式に従って消費税等が算入された固定資産等の取得原価から消費税等相当額を控除しないことができます（基準89項、161項）。

《法人税》

(3)　法人税では、消費税等の経理処理について、税抜経理方式と税込経理方式とが認められています。法人が、いずれの方式を選択適用するかは自由です（国税庁通達・平成元.3.1直法2-1「消費税法等の施行に伴う法人税の取扱いについて」3項）。企業会計のような、税抜経理方式（税抜方式）が原則である、といった制約はありません。

　収益認識基準の制定及び平成30年度の税制改正等があっても、同通達の改正は行われていません。これは法人税では、従来どおり、税抜経理方式のみならず税込経理方式の選択適用を認める、ということです。

　税抜経理方式は税込経理方式に比べて、事務の手数がかかるという点からみても、中小企業者から大企業までを対象にする法人税にあっては、実態に則した合理的な取扱いといえましょう。

4-3 値引き・値増し・割戻し等の変動対価がある場合の収益の額

Q 収益認識基準には、新たに「変動対価」という概念が導入され、顧客と約束した対価について値引き、値増し、割戻しなどを予定する場合には、対価が変動するものとして、その対価の額を見積もるものとされています。
　このような、変動対価の考え方は、法人税にも導入されているのでしょうか。

A 1　収益認識基準において、「変動対価」とは、顧客と約束した対価のうち変動する可能性のある部分をいい、値引き、リベート、返金、インセンティブ、業績に基づく割増金等により対価の額が変動する場合が該当しますが、契約において、顧客と約束した対価にこれら変動対価が含まれる場合には、財又はサービスの顧客への移転と交換に企業が権利を得ることとなる対価の額を見積もります。

2　法人税にも、変動対価の考え方が導入され、資産の販売等に係る契約の対価について、値引き、値増し、割戻し等の「変動対価」がある場合には、所定の要件を満たすことを条件に、その変動対価を合理的に見積もって、収益の額を減額し、又は増額することができます。

3　消費税では、現金で収受した課税資産の譲渡等の対価の額が課税標準ですから、値引き、値増し、割戻し等の「変動対価」がある場合であっても、そのことを考慮することはできず、実際に現金で収受した対価の額が課税標準になり、値引き及び割戻しは、その額が確定したときに「売上げに係る対価の返還等」をしたものとして処理します。

(解　説)
《企業会計》
(1)　収益認識基準における収益認識のための5ステップのうち、第3ス

テップである「取引価格の算定」の際には、変動対価の影響を考慮しなければなりません（基準17項(3)、48項(1)、Ｑ４－１参照）。ここで「変動対価」とは、顧客と約束した対価のうち変動する可能性のある部分をいいます。

　契約において、顧客と約束した対価に変動対価が含まれる場合、財又はサービスの顧客への移転と交換に企業が権利を得ることとなる対価の額を見積もります（基準50項）。すなわち、顧客と約束した対価の額からその変動する部分の金額を除外した額を収益の額とする、ということです。

　その対価の額の見積もりに当たっては、次の方法のうち、企業が権利を得ることとなる対価の額をより適切に予測できる方法を用います（基準51項）。

　イ　最頻値による方法―――発生し得ると考えられる対価の額における最も可能性の高い単一の金額（最頻値）による。
　ロ　期待値による方法―――発生し得ると考えられる対価の額を確率で加重平均した金額（期待値）による。

（変動対価が含まれる取引の例）

(2)　その変動対価が含まれる取引の例として、値引き、リベート、返金、インセンティブ、業績に基づく割増金、ペナルティ等の形態により対価の額が変動する場合や返品権付きの販売等があげられます（指針23項）。

　例えば、適用指針〔設例10－変動対価の見積り〕では、建物の建設請負において、建物の完成引渡しが遅れるごとに対価が減額され、早まるごとに対価が増額されるような例が示されています。

《法人税》

(3)　法人税でも、資産の販売等の対価について、値引き、値増し、割戻しその他の事実（貸倒れ及び買戻しの事実を除く。以下「値引き等の事実」という。）により変動する可能性がある部分の金額、すなわち「変動対価」がある場合の取扱いが定められています。

　ここで、値引き、値増し、割戻しその他の事実から「貸倒れ」及び

「買戻し」の事実が除かれているのは、収益の額の算定の基礎になる時価について、販売対価に係る金銭債権の貸倒れや資産の買戻しの事実の発生の可能性は考慮しないこととされているからです（法法22の2⑤）。

（変動対価としての適用要件）
(4) そこで、資産の販売等の対価に変動対価がある場合において、次に掲げる要件の全てを満たすときは、ロにより算定される変動対価につき資産又は役務の引渡し事業年度の確定した決算において収益の額を減額し、又は増額して経理した金額は、その事業年度のその資産又は役務の時価の算定に反映させます（法基通2－1－1の11）。
　イ　値引き等の事実の内容及びその値引き等の事実が生ずることにより、契約の対価の額から減額若しくは増額をする可能性のある金額又はその金額の算定基準が、その契約や取引慣行、公表した指針等により明らかにされていること又はその事業年度終了の日において内部的に決定されていること。
　ロ　過去における実績を基礎とする等合理的な方法のうち法人が継続して適用している方法によりイの減額若しくは増額をする可能性又は算定基準の基礎数値が見積もられ、その見積りに基づき収益の額を減額し、又は増額することとなる変動対価が算定されていること。
　ハ　イを明らかにする書類及びロの算定の根拠となる書類が保存されていること。
(5) これは、上記の適用要件を満たす値引きや値増し、割戻し等の額を合理的に見積もって、収益の額を減額し、又は増額することを認めるものです。
　法人税では、収益認識基準のような見積方法だけでは、実務に耐えられませんから、適用要件を具体的に定めています。しかし、その基本的な考え方は、収益認識基準と同様である、といえましょう。
　売上割戻しについては、上記のような要件を満たす場合には、従来から商品の販売をした事業年度における計上が認められていました

4-3 値引き・値増し・割戻し等の変動対価がある場合の収益の額　69

（旧法基通2-5-1(1)、法基通2-1-1の12）。しかし、この新しい変動対価の取扱いでは、将来の値引きについても、見積計上することが認められる点に留意を要します。

(6) なお、法人税では、変動対価につき「値引き、値増し、割戻しその他の事実」といっていますが、その範囲が収益認識基準と同様であるのかどうか、議論があるように思われます。

　例えば、収益認識基準では、ペナルティ等の形態により対価の額が変動する場合も、変動対価としていますが、これは損害賠償の問題として処理すべきではないか、ということです。もっとも、法人税の上記のような変動対価の適用要件からすれば、そもそも損害賠償金などは、適用除外になる、といえましょう。

《消費税》

(7) 上述したとおり、企業会計と法人税にあっては、資産の販売等をした場合において、将来の値引き等の事実により対価の額が変動する可能性があるときは、その変動対価の額を売上金額に反映させ、売上金額を減額又は増額します。

　そこで、このような、変動対価の考え方により、売上金額を減額又は増額させるような処理が消費税でもできるのかどうかが問題です。

（消費税取扱い例のケース３）

　消費税取扱い例のケース３（割戻を見込む販売）では、要旨「A社は、B社と商品Ｚの販売について２年契約を締結したが、１個当たりの販売価格は、販売数量が①０～1,000個は5,000円、②1,001～2,000個は4,000円、③2,001個以上は3,000円となっている。A社は、B社への２年間の販売数量は2,000個になると予想し、X1年５月に1,000個、X2年５月に1,000個を販売した。」というケースが取り上げられています。

(8) このケースにおいて、企業会計と法人税では、次のような処理を行います。

(X1年５月)

現　　金　5,400,000　／　売　　　　上　4,500,000（＊１）

返金負債　　　500,000
仮受消費税　　400,000

（＊1）1個当たり販売価格 ｛(5,000円×1,000個) + (4,000円×1,000個)｝ ÷2,000個＝4,500円

4,500円×1,000個＝4,500,000円

（X2年5月）

現　　金　4,320,000　／　売　　　上　4,500,000（＊2）
返金負債　　500,000　　　仮受消費税　　320,000

（＊2）4,500円×1,000個＝4,500,000円

すなわち、企業会計と法人税では、販売数量が多くなるに従って、その販売単価が低くなりますので、これは「変動対価」であると判断し、（X1年5月）も（X2年5月）も、2年間の予想販売数量2,000個の平均販売単価4,500円で売上を計上する、ということです。

（売上げに係る対価の返還等としての処理）

(9) これに対し、消費税では、あくまでも現金で収受した販売対価の額が課税標準です（消法28①）。したがって、それぞれ（X1年5月）の課税売上げの対価は5,000千円（税抜き）、課税売上げに係る消費税額は400千円、（X2年5月）の課税売上げの対価は4,000千円（税抜き）、課税売上げに係る消費税額は320千円となります。

　消費税では、将来の値引き、値増し、割戻し等を販売対価の額から控除した金額を課税標準とすることはできません。値引き及び割戻しは、その額が確定したときに「売上げに係る対価の返還等」をしたものとして、その値引き及び割戻しに係る消費税額を納付すべき消費税額から控除します（消法38、消基通14-1-9、14-1-10）。ただし、継続適用を条件に、その値引き又は割戻しを「売上げに係る対価の返還等」とせず、課税資産の譲渡等の金額から直接控除することもできます（消基通10-1-15）。

　逆に、値増しについては、その額が確定したときに課税標準額に算入します（消基通9-1-7参照）。

4-4 値引き・値増し・割戻し等を変動対価としない場合の処理

> **Q** 収益認識基準と法人税では、資産の販売等の対価について、値引き、値増し、割戻しなどを予定する場合には、対価が変動するものとして、その対価の額を見積もるものとされています。
> このような、変動対価の考え方による処理は強制適用なのでしょうか。

A 1 **収益認識基準**における、値引き、値増し、割戻し等の変動対価の取扱いは、強制適用である、と考えます。
2 **法人税**では、値引き、値増し、割戻し等の変動対価の取扱いは任意適用であり、その適用をしない場合には、別途定められている売上割戻しや値増金の取扱いを適用します。
3 **消費税**では、値引き及び割戻しは、その額が確定したときに「売上げに係る対価の返還等」として処理し、値増しについては、その額が確定したときに課税標準額に算入しますから、強制適用か任意適用かといった議論をする余地はありません。

(解　説)
《企業会計》
(1) 収益認識基準において、「変動対価」とは、顧客と約束した対価のうち変動する可能性のある部分をいいます（基準50項）。この変動対価が含まれる取引の例として、値引き、リベート、返金、インセンティブ、業績に基づく割増金等の形態により対価の額が変動する場合があります（指針23項）。

契約において、顧客と約束した対価にこれら変動対価が含まれる場合には、財又はサービスの顧客への移転と交換に企業が権利を得ることとなる対価の額を見積もります（基準50項、Q4-3参照）。

これは、収益認識基準における諸条件を満たす限り、強制適用であ

る、と考えられます。

《法人税》

(2) 法人税にも、収益認識基準のような変動対価の考え方が導入されています。

　すなわち、資産の販売等の対価について、値引き、値増し、割戻し等の「変動対価」がある場合には、所定の要件を満たすことを条件に、その変動対価を合理的に見積もって、収益の額を減額し、又は増額することができます（法基通2-1-1の11、Q4-3参照）。

　この変動対価としての値引きや値増し、割戻し等の取扱いは、任意適用であると考えます。すなわち、この取扱いは、「確定した決算において収益の額を減額し、又は増額して経理した金額（申告調整による金額を含む。）」は、引き渡した資産又は役務の時価の算定に反映させる、とされています（法基通2-1-1の11）。法人が、この取扱いを適用したくないと思えば、確定した決算において収益の額を減額し、又は増額して経理をしなければよいわけです。

(売上割戻し等の計上時期)

(3) そこで、この原則的取扱いを適用しない場合には、「値引き」は現に値引きをしたときに売上から減額します。

　また、「値増し」「割戻し」は、基本的に従来と同様の取扱いを適用します。すなわち、次の表の表題の取扱いを適用しますが、そこでは「基本通達2-1-1の11の取扱いを適用しない場合には」、これらの取扱いを適用することになっています。

　これは、法人が上記原則的な取扱いを適用していない場合、特に値増金を収益計上していないような場合の、税務署長が行う更正決定の基準ともなるものです。

新通達番号	表題	旧通達番号
2-1-1の12	売上割戻しの計上時期	2-5-1(2)
2-1-1の13	一定期間支払わない売上割戻しの計上時期	2-5-2
2-1-1の14	実質的に利益を享受することの意義	2-5-3
2-1-1の15	値増金の益金算入の時期	2-1-8

(4) なお、新基本通達2－1－1の12（売上割戻しの計上時期）では、販売した棚卸資産に係る売上割戻しについては、その売上割戻しの金額をその通知又は支払をした事業年度の収益の額から減額するものとされています。

　旧基本通達では、その算定基準が販売価額又は販売数量によっており、かつ、その算定基準が契約その他の方法により相手方に明示されている売上割戻しは、商品を販売した日に計上することができることになっていました（旧法基通2－5－1(1)）。

　ところが、この旧基本通達の取扱いは、上記のとおり、新基本通達では定められていません。これは、旧基本通達のような取扱いをするのであれば、「変動対価」の取扱いを適用し（法基通2－1－1の11、Q4－3参照）、売上割戻しの金額を合理的に見積もればよい、ということかもしれません。

　しかし、相手方との契約により旧基本通達のような条件により売上割戻しを支払うことが確定していれば、確定債務として費用計上をすることができるものと考えます。

《消費税》

(5) 消費税では、資産の譲渡等の対価について、値引き、値増し、割戻し等の「変動対価」がある場合であっても、その額を譲渡対価の額から控除した金額を課税標準とすることはできません。

　値引き及び割戻しは、その額が確定したときに「売上げに係る対価の返還等」をしたものとして、その値引き及び割戻しに含まれる消費税額を課税標準に対する消費税額から控除します（消法38）。その場合の「売上割戻しを行った日」及び「一定期間支払わない売上割戻しに係る売上割戻しを行った日」に関して、上記法人税と同様の取扱いが定められています（消基通14－1－9、14－1－10）。ただし、売上割戻しを行った日については、上記(4)の旧基本通達と同じ取扱いが認められています。

　逆に、値増しについては、「値増金に係る資産の譲渡等の時期」として、法人税と同様の考え方により、その額が確定したときに課税標

準額に算入する旨の定めがあります（消基通9-1-7）。

　消費税にあっては、値引き、値増し、割戻し等の処理につき、強制適用であるか、任意適用であるかといった議論をする余地はありません。

4-5 資産の販売対価に係る金銭債権に貸倒れの可能性がある場合の処理

> **Q** 収益認識基準では、企業が権利を得ると見込む対価の額が契約金額と異なる場合には、その差額は価格譲歩すなわち値引きと考えて処理するように思われます。
> この点は、法人税でも同様でしょうか。法人税は、このような場合、貸倒れの問題として処理するようにいわれていますが、どうでしょうか。

A 1 **収益認識基準**では、収益を顧客との契約金額ではなく、変動対価を考慮して企業が権利を得ると見込む対価の額で認識しますから、契約金額と企業が権利を得ると見込む対価の額との差額は、値引きではないか、と考えられています。

2 **法人税**では、契約金額と企業が権利を得ると見込む対価の額との差額は、貸倒れの問題として処理し、貸倒れの見積額を売上高や売掛金の額から控除することはできず、その契約金額で計上すべきものと考えます。

3 **消費税**では、その課税標準は、課税資産の譲渡等の対価の額であり、これは相手方と契約した金額ですから、その譲渡等に伴って生じた売掛金に貸倒れの可能性があるからといって、その契約金額から貸倒れの見積額を控除するようなことはできません。

(解　説)
《企業会計》
(1) 収益認識基準における収益認識のための5ステップのうち、第1ステップである「契約の識別」にあっては、「顧客に移転する財又はサービスと交換に企業が権利を得ることとなる対価を回収する可能性が高いこと」、が契約の識別の要件の一つとなっています。その対価

を回収する可能性の評価に当たっては、対価の支払期限到来時における顧客が支払う意思と能力を考慮します（基準19項(5)）。

　また、「取引価格」とは、財又はサービスの顧客への移転と交換に企業が権利を得ると見込む対価の額をいい（基準8項）、その取引価格を算定する際には、「変動対価」の影響を考慮する必要があります（基準48項(1)）。

　ここで「変動対価」とは、顧客と約束した対価のうち変動する可能性のある部分をいいます（基準50項）。その変動対価は、契約条件に示される場合のほか、顧客との契約締結時に、価格を引き下げるという企業の意図が存在していることによっても示されます（指針24項(2)）。

(2)　このように、収益認識基準では、収益を顧客との契約金額ではなく、変動対価を考慮して企業が権利を得ると見込む対価の額で認識します。

　そこで、適用指針〔設例2－対価が契約書の価格と異なる場合〕では、要旨、外国の顧客に医薬品1,000個を1,000千円で販売する契約を締結したが、同国は深刻な不況下にあり、同国の企業との取引実績がないこと等から、変動対価として400千円に対する権利を得ると判断した場合につき、次のような会計処理を示しています。

　（借）売掛金　400,000　　（貸）売上高　400,000

　これは、変動対価として回収する可能性が高いと見積もった400千円を収益として認識する、ということです。収益認識における資産・負債アプローチの典型例といえるかもしれません。

《法人税》

(3)　法人税では、資産の販売若しくは譲渡又は役務の提供（資産の販売等）による収益の額は、資産の販売等をした資産の引渡しの時における価額又はその提供をした役務につき通常得べき対価の額、すなわち時価によります（法法22の2④、法基通2-1-1の10）。

　この「引渡しの時における価額」又は「通常得べき対価の額」については、資産の販売等の対価の額に係る金銭債権に貸倒れの事実が生じる可能性がある場合においても、その可能性がないものとした場合

における価額とします（法法22の2⑤一）。

　売上げの対価として受け取った売掛金に貸倒れの可能性があるかどうかは、資産や役務の時価とは関係ない要素ですから、時価の判定に当たって、貸倒れの可能性の有無を考慮することはできない、ということです。これは、企業会計とは異なる取扱いである、といえましょう。

（適用指針〔設例2〕に対する法人税の考え方）

(4)　そこで、上記適用指針〔設例2〕の場合、収益認識基準の適用上は、価格譲歩すなわち値引きである、といわれています。

　しかし、法人税では、それは貸倒れの問題として処理し、売上高はあくまでもその契約金額である1,000千円にすべきものと考えます。

　そして、売掛金勘定につき貸倒見込額を控除している場合であっても、控除する前の金額とされますから（法令18の2④）、売掛金も1,000千円になります。

　更に、貸倒見込額の控除前と控除後の売掛金の差額（金銭債権計上差額）相当額は、損金経理による貸倒引当金勘定の繰入額とみなされます（法令99）。ただ、貸倒引当金の設定は、原則として中小企業者に限られていますから、大企業については、貸倒引当金勘定の繰入額の損金算入はできません（法法55①②）。

(5)　このような、法人税における時価の算定方法や売掛金額の修正、貸倒引当金の繰入れといった、一連の取扱いは、収益認識基準の「対価の支払期限到来時における顧客が支払う意思と能力を考慮する」という考え方（基準19項(5)）や適用指針〔設例2〕の場合を前提に、その処理を定めたものと解されます。

　ただ、適用指針〔設例2〕の場合、収益認識基準の適用上は、価格譲歩すなわち値引きである、ともいわれています。上記(1)のとおり、変動対価は、顧客との契約締結時に、価格を引き下げるという企業の意図が存在していることによっても示されること（指針24項(2)）からみて、いわば企業の「勝手値引き」である、というわけでしょう。

（変動対価としての取扱いの可否）

(6) その上で、将来の値引きであれば変動対価として対価の額を見積もることができるのに（Q4－3参照）、なぜ契約締結時の値引きは、変動対価の取扱いが適用できないのか、といった疑義が呈されています。

　この点、法人税の立場からすれば、値引きとして契約締結時に売上高と売掛金を400千円と認識するのであれば、契約金額も最初から400千円にすればよく、それをなぜ契約金額は1,000千円とするのか、ということです。商品の値崩れなどを防止するためかもしれませんが、そうであれば、商品の時価は1,000千円ということになりましょう。むしろ法人税では、最初から売掛金を回収する意思がなく、1,000千円との差額600千円は、寄附金ないし交際費等ではないか、という議論になってくる可能性があります。

　もっとも、このような例はレア・ケースであり、実務では問題になるような事例はほとんど生じないのかもしれません。

(7) 適用指針〔設例2〕の場合、上述したように議論はありますが、法人税では、次のような処理をすべきものと考えます。

　　（借）売　掛　金　1,000,000　　（貸）売　上　高　1,000,000
　　　　　貸倒引当金繰入額　600,000　　　　貸倒引当金　600,000

そうすると、次のような申告調整が必要になります。

（別表四）

区　分		総　額	留　保	社外流出
加算	売上計上もれ	9	600,000	600,000	
減算	貸倒引当金繰入額	20	600,000	600,000	

（注）この貸倒引当金繰入額が、法人税の繰入限度額を超える場合には、その超える部分の金額は、別途、所得金額への「加算」処理をしなければなりません。

(別表五（一））

I　利益積立金額の計算に関する明細書				
区　　分	期首積立金額	当期の減	当期の増	翌期首積立金額
売掛金　3			600,000	600,000
貸倒引当金　4			△600,000	△600,000

《消費税》

(8)　消費税の課税資産等の譲渡に係る課税標準は、課税資産の譲渡等の対価の額です。その「対価の額」は、対価として収受し、又は収受すべき一切の金銭又は金銭以外の物若しくは権利その他経済的利益の額をいいます（消法28）。

　これは、基本的には、課税資産の譲渡等において、相手方と契約した金額をいいます。その譲渡等に伴って売掛金を取得した場合、その売掛金に貸倒れの可能性があるからといって、その契約金額から貸倒れの見積額を控除するようなことはできません。これは、法人税の考え方と同様である、といえましょう。

　もし、取得した売掛金が貸倒れになった場合には、その貸倒れになったときに「貸倒れに係る消費税額の控除等」を適用し、その貸倒金額に含まれる消費税額を課税標準額に対する消費税額から控除します（消法39）。

4-6　商品等の返品権付き販売を行った場合の処理

Q 収益認識基準では、変動対価が含まれる取引の一つとして「返品権付きの販売」をあげています。この返品権付きの販売が行われた場合の取扱いは、どのようになるのでしょうか。従来どおり、返品調整引当金で対処するのでしょうか。
　それに対応して、法人税の取扱いはどのようになりますか。

A 1　**収益認識基準**では、商品等の返品権付き販売が行われた場合、その受け取った、又は受け取る対価の額のうち、商品等が返品され返金を見込む額に相当する金額は、収益として認識せず、返金負債として認識し、返品調整引当金の設定はできません。
2　**法人税**では、収益の額の基準になる時価について、商品等の販売につき買戻しの事実が生じる可能性がある場合においても、その可能性がないものとした場合における価額としますから、返金を見込む額について収益として計上せず、収益の額から控除することはできません。
3　**消費税**でも、法人税と同様に、返品により返金を見込む額について課税標準の額から控除することはできず、その受け取った、又は受け取る対価の額そのものが課税標準になります。

(解　説)
《企業会計》
(1)　収益認識基準では、契約において、顧客と約束した対価に「変動対価」が含まれる場合には、企業が資産の顧客への移転と交換に権利を得ることとなる対価の額を見積もります。その「変動対価」とは、顧客と約束した対価のうち変動する可能性のある部分をいいます（基準50項）。

この変動対価が含まれる取引の一つとして、「返品権付きの販売」があります（指針23項）。これは、企業が顧客の要求により商品又は製品を買い戻す義務（プット・オプション）を負う形態の「買戻契約」といえます（指針153項(3)、156項、Ｑ４-７参照）。

顧客に商品又は製品の返品権があれば、企業は返品を受け、その対価の全部又は一部を返還しなければならず、対価が変動する可能性があるからです。

企業が顧客から受け取った、又は受け取る対価の一部あるいは全部を返金すると見込む場合には、その受け取った、又は受け取る対価の額のうち、返金を見込む額については、収益を認識せず、返金負債を認識します（基準53項、指針85項）。

（返品権付きの販売の例）

(2)　この返品権付きの販売としては、法人税において返品調整引当金の適用対象である、出版業や出版の取次業、医薬品や農薬、化粧品の製造業などの買戻特約付きの販売が考えられます。もちろん、これだけではなく、例えば商品を販売した後、未使用であれば30日後までの返品に応じ、代金の全額を返金するような契約です（指針〔設例11〕）。

その返金の仕方には、①顧客が支払った対価の全額又は一部の返金や②顧客が企業に対して負う、又は負う予定の金額に適用できる値引き、③別の商品又は製品への交換があります（指針84項）。

(3)　以上のような取扱いを前提として、適用指針〔設例11――返品権付きの販売〕では、要旨、１個100千円（原価60千円）で販売する100件の契約を複数の顧客と締結し（合計10,000千円）、返品されないと見込む97個分の9,700千円を収益の額とするする場合につき、次のような会計処理を示しています。

イ　収益の計上

（借）現金預金　10,000,000　　（貸）売　上　高　9,700,000（＊１）
　　　　　　　　　　　　　　　　　　返金負債　　　300,000（＊２）

（＊１）返品されると見込む３個300千円については収益を認識せず、9,700千円の収益を認識する。

（＊2）返品されると見込む3個300千円について返金負債を認識する。

ロ　原価の計上

(借) 売上原価　　5,820,000　　　(貸) 棚卸資産 6,000,000 (＊3)

　　　返品資産　　　180,000 (＊4)

（＊3）販売した製品の原価である。

（＊4）返金負債の決済時に顧客から回収する商品に係る権利（300千円×0.6）を認識する。

（返品調整引当金の廃止）

(4) 適用指針〔設例11〕のような場合、企業会計原則注解（注18）では、返品調整引当金の設定が求められます。しかし、「企業会計原則」に優先して収益認識基準が適用されますので（基準1項）、今後は、上記(3)イのような「返金負債」処理を行い、返品調整引当金経理は認められません。

　　この「返金負債」とは、財又はサービスを顧客に移転する義務に対して、企業が顧客から対価を受け取ったもの又は対価を受け取る期限が到来しているものをいいます（基準11項）。これは、返品見込商品の価額は販売当初から負債として認識するということですから、単なる将来の返品損失に備えるための、返品調整引当金経理は認められないわけです。

《法人税》

(5) 法人税では、資産の販売若しくは譲渡又は役務の提供（資産の販売等）による収益の額は、資産の販売等をした資産の引渡しの時における価額又はその提供をした役務につき通常得べき対価の額によります（法法22の2④、法基通2-1-1の10）。これは、販売等をした資産又は役務は、その時価を収益の額とする、ということです。

　　この「資産の引渡しの時における価額」は、その資産の販売等につき買戻しの事実が生じる可能性がある場合においても、その可能性がないものとした場合における価額とします（法法22の2⑤二）。販売した資産に買戻しの可能性があるかどうかは、資産の時価とは関係ない要素ですから、時価の判定に当たって、買戻しの可能性の有無を考慮

することはできません。これは、収益認識基準とは全く違った取扱いです。

　上記適用指針〔設例11〕の場合、法人税では、売上高は10,000千円、売上原価は6,000千円とすべきことになります。

(返品調整引当金の廃止と経過措置)

(6)　上記のような収益認識基準の取扱いに対応して、平成30年度の税制改正により、法人税における返品調整引当金制度は廃止されました（旧法法53）。ただし、平成30年4月1日において返品調整引当金の対象事業を営む法人にあっては、平成33年3月31日までに開始する事業年度（経過措置事業年度）については従来どおりの引当てが認められます（平成30年改正法附則25）。

　この場合、企業会計では、返品調整引当金は廃止されましたので、返品調整引当金の繰入額を費用処理することはできません。上記適用指針〔設例11〕のように「返金負債」を認識する会計処理が行われることになります。

　しかし、法人税では返品調整引当金の繰入額の損金算入は損金経理（確定した決算において費用又は損失として経理すること）が要件です。そのため、その損金経理要件をどのようにクリアするか、という問題が生じてきます。

(損金経理要件の充足方法)

(7)　この点、経過措置事業年度において返品調整引当金の対象事業の商品を販売した場合において、「返金負債」勘定を設けているときは、その返金負債勘定の金額から「返品資産」勘定の金額を控除した金額相当額は、損金経理により返品調整引当金勘定に繰り入れた金額とみなされます（平成30年改正法令附則9③）。返金負債勘定を設けることによって、損金経理要件をクリアすることができます。

　上記適用指針〔設例11〕の場合、法人税では、次のような処理となります。

（借）現　金　預　金　10,000,000　（貸）売　　上　　高　10,000,000
（借）売　上　原　価　6,000,000　（貸）棚　卸　資　産　6,000,000
（借）返品調整引当金繰入額　120,000　（貸）返品調整引当金　120,000

そこで、次のような申告調整が必要になります。

(別表四)

区　分			総　額	留　保	社外流出
加算	売上計上もれ	9	300,000	300,000	
減算	売上原価計上もれ	20	180,000	180,000	
	返品調整引当金繰入額		120,000	120,000	

(注) この返品調整引当金繰入額が、法人税の繰入限度額を超える場合には、その超える部分の金額は、別途、所得金額に「加算」処理をしなければなりません。

(別表五(一))

Ⅰ　利益積立金額の計算に関する明細書					
区　分		期首積立金額	当期の減	当期の増	翌期首積立金額
返金負債	3			300,000	300,000
返品資産	4			△180,000	△180,000
返品調整引当金	5			△120,000	△120,000

《消費税》

(8) 返品権付き販売が行われた場合、企業会計では、商品等の販売代価のうち、返金すると見込まれる金額は負債（返金負債）として認識し、売上金額から控除します。

この場合、消費税にあっては、その控除後の売上金額が課税標準になるのかどうかが問題です。

(消費税取扱い例のケース4)

消費税取扱い例のケース4（返品権付き販売）では、「A社は、顧客へ1個200円の商品（原価120円）を100個販売し、その返品予想は2個と見込んだ。」というケースを紹介しています。

このケースにつき、企業会計では、次のように処理します。

現　　　金	21,600	／	売　　　　上	19,600
			返 金 負 債	400
			仮 受 消 費 税	1,600
売 上 原 価	11,760	／	商　　　　品	12,000
返 品 資 産	240			

　すなわち、企業会計では、売上金額は、返品が見込まれる額として認識した「返金負債」の額400円（2個×200円）控除した19,600円とします。

⑼　これに対し、法人税では、買戻しの事実が生じる可能性がある場合においても、その可能性がないものとして処理しますから（法法22の2⑤二）、売上金額は20,000円（税抜き）となります。これは、消費税であっても同様であり、消費税の課税売上げの対価は20,000円、課税売上げに係る消費税額は1,600円となります。

　企業会計のような処理が行われた場合、法人税、消費税とも所要の調整が必要になります。

4-7　外注先と原材料につき「有償支給取引」を行った場合の処理

> **Q** 収益認識基準では、企業が行う有償支給取引について、その支給品を買い戻す義務を負っているかどうかに応じて会計処理をすることが明らかにされています。
> 　これに対し、法人税には、有償支給取引に関して明文の取扱いはないように思われますが、どのように取り扱うのでしょうか。また、消費税の取扱いはどうでしょうか。

A　1　**収益認識基準**では、有償支給取引において、①企業が支給品を買い戻す義務を負っていない場合には、その支給品の消滅は認識しますが、支給品の譲渡収益は認識しないのに対し、②企業が支給品を買い戻す義務を負っている場合には、その支給品の譲渡収益も支給品の消滅も認識しません。

2　**法人税**では、有償支給取引に関する明文の取扱いはありませんが、有償支給取引の実質に照らして、支給品に関して当事者間で客観的に所有権の移転を目的とする有償の合意があったと認められれば、支給品の所有権が移転し収益を計上すべきものと考えます。

3　**消費税**では、事業者が有償支給取引において外注先等から対価を得ている場合には、仮にその対価が名目的なものであっても、資産の譲渡等に該当しますが、事業者がその支給した原材料等を自己の資産として管理しているときは、資産の譲渡等に該当しません。

(解　説)

《企業会計》

(買戻契約の意義とその処理)

(1)　企業は、商品又は製品を販売する際、顧客の要求によりその商品又は製品を買い戻すことを約束することがあります。

収益認識基準において、「買戻契約」とは、企業が商品又は製品を販売するとともに、同一の契約又は別の契約により、その商品又は製品を買い戻すことを約束する、あるいは買い戻すオプションを有する契約をいいます。その買戻契約には、通常、次の3つの形態があり、買戻価格と販売価格の関係で、それぞれ次のように処理します（指針153項～158項、69項～74項）。

　イ　企業が商品又は製品を買い戻す義務（先渡取引）―――リース取引又は金融取引として処理する。

　ロ　企業が商品又は製品を買い戻す権利（コール・オプション）―――リース取引又は金融取引として処理する。

　ハ　企業が顧客の要求により商品又は製品を買い戻す義務（プット・オプション）―――リース取引、金融取引又は返品権付きの販売として処理する。

（有償支給取引の意義）

(2)　この買戻契約の一つの具体例が有償支給取引でしょう。収益認識基準では、「有償支給取引」とは、企業が対価と交換に原材料等（支給品）を外部（支給先）に譲渡し、その支給先からその支給品（加工された製品に組み込まれている場合を含む。）を購入する一連の取引をいう、といっています（指針104項）。

　企業が有償支給取引を行った場合、企業から支給先へ支給品が譲渡された後の取引や契約の形態はさまざまですから、まず企業が支給した支給品を買い戻す義務を負っているか否かを判断する必要があります（指針104項、177項）。例えば、有償支給取引において、支給先によって加工された製品の全量を買い戻すことを支給品の譲渡時に約束している場合には、企業はその支給品を買い戻す義務を負っていますが、その他の場合には実態に応じて判断を行います（指針178項）。

　その支給品に対する買戻義務の有無に応じて、会計処理を行います。

（支給品の買戻義務を負っていない場合の処理）

(3)　そこで、まず、有償支給取引において、企業が支給品を買い戻す義

務を負っていない場合には、企業はその支給品の消滅を認識しますが、その支給品の譲渡による収益は認識しません（指針104項）。

　この場合、支給品の消滅を認識するのはよいとして、なぜ、有償支給で支給品の買戻義務がないにもかかわらず、その支給品の譲渡収益を認識しないのか疑問です。この点について、支給品の譲渡収益と最終製品の販売収益との二重計上を避けるため、支給品の譲渡収益は認識しないことが適切と考えられる、とされています（指針179項）。

（支給品の買戻義務を負っている場合の処理）

(4)　一方、有償支給取引において、企業が支給品を買い戻す義務を負っている場合には、企業はその支給品の譲渡による収益を認識せず、支給品の消滅も認識しません（指針104項）。

　企業が支給品を買い戻す義務を負っている場合には、支給先がその支給品を指図する能力やその支給品からの残りの便益のほとんど全てを享受する能力が制限されているため、支給先はその支給品に対する支配を獲得していないからです（指針180項、154項、69項）。

　この場合には、企業は支給品を自社の棚卸資産として処理し、支給品の有償支給価格を未収入金と負債に両建計上する会計処理を行うものと考えられます。ただし、企業が支給品を棚卸資産として在庫管理することは実務上困難ですから、個別財務諸表上は、支給品の譲渡時にその支給品の消滅を認識することができます（指針104項）。

《法人税》

(5)　法人税には、有償支給取引に関して明文の取扱いの定めはありません。その取引の実態に応じて処理をすることになります。

　有償支給取引は、主として外注先における支給品の個数管理などの徹底を目的に行われますから、有償支給は名目的な価額で行われる例が少なくありません。そのような場合にも、支給品の譲渡があったとみるのか、もし譲渡があったとすれば、支給品の時価を基準として収益を計上すべきかどうか、難しい問題があります。

　結局、有償支給取引の実質に照らして、当事者間で客観的に所有権の移転を目的とする有償の合意があったと認められれば、支給品の所

有権が移転し、収益を計上すべきものと考えます（東京高判・平成10.4.21税資231号718頁参照）。

(判例の考え方)

(6)　この東京高裁の判決では、当事者の客観的な意思は、A社等がいったんXに原材料部品を売り渡し、その上にメッキ加工をすべきことを依頼し、Xは加工が終わった部品を再びA社等に売り渡す趣旨であると認定し、所有権の移転があった、といっています。

　法人税において、支給品の所有権が移転したかどうかの判断に当たって、上記収益認識基準のような、企業が支給品を買い戻す義務を負っているか否かは、一つの判断要素になるものと考えます。支給品を買い戻す義務を負っていれば、実質的には所有権は移転していない、とみる余地があるからです。

　また、所有権の移転の有無の判断に当たっては、次に述べる消費税の取扱いが参考になります。

《消費税》

(7)　消費税では、有償支給取引に関する取扱いが明らかにされています。

　消費税の課税資産の譲渡等の課税標準は、課税資産の譲渡等の対価の額です。その「対価の額」は、対価の額として収受し、又は収受すべき一切の金銭又は金銭以外の物若しくは権利その他経済的利益の額をいいます（消法28）。

　そこで、事業者が外注先等に対して外注加工のための原材料等を支給する場合において、その支給による対価を収受するときは、その原材料等の支給は、対価を得て行う資産の譲渡等に該当します（消基通5-2-16）。名目的な対価であっても、対価を収受している以上、課税対象になります。ただし、その対価を時価に引き直して消費税額を計算する必要はありません（消基通10-1-1参照）。

(事業者が自己の資産として管理している場合)

(8)　一方、有償支給であっても、事業者がその支給した原材料等を自己の資産として管理しているときは、資産の譲渡等に該当しません。

この「自己の資産として管理しているとき」について、判例では、発注元企業が経理処理等を通じて支給材の受払い、数量管理等を行い、最終的に未使用材料について返還を受けるか、又はその分の対価を授受しているような場合をいう、とするものがあります（大分地判・平成10.12.22税資239号618頁）。

　このように、消費税では、原材料等の有償支給について、原材料等の管理が外注先か外注元かに応じて、資産の譲渡等に該当するかどうかを判定します。これも、支給した原材料等の所有権がどちらにあるかの判断基準の一つです。

　企業会計も法人税も消費税も、違う言葉で違う側面から、それぞれ支給品の所有権の移転の有無を判断しており、基本的な考え方は、同様であるといえましょう。

（原材料等の支給を受けた事業者の課税売上高の計算）

(9)　なお、原材料等の支給を受けた事業者にあっては、課税売上高に算入される課税資産の譲渡の対価の額は、原則として、次の場合に応じ、次の対価の額となります（消基通1-4-3）。

　　イ　製造販売契約方式により原材料等の有償支給を受けている場合
　　　───加工等を行った製品の譲渡対価の額
　　ロ　賃加工契約方式により原材料等の無償支給を受けている場合
　　　───加工等に係る役務の提供の対価の額

4-8 資産の販売等に伴い「現金以外の対価」の支払を受けた場合の処理

> **Q** 収益認識基準では、商品や製品の販売に伴い「現金以外の対価」の支払を受けた場合には、その対価を時価により算定し、収益を認識することになっています。
> これに対し、法人税には、現金以外の対価の支払を受けた場合の取扱いがないように思われますが、これは収益認識基準と同様に取り扱う、ということでしょうか。
> また、消費税では、どのような取扱いになりますか。

A 1 **収益認識基準**では、商品や製品の販売に伴い、対価を現金以外の現物で支払を受けた場合には、顧客に引き渡した財又はサービスの時価ではなく、支払を受けた現物の時価を取引価格として収益の額を認識するのが原則です。

2 **法人税**では、平成30年度の税制改正において、資産の販売等に伴い引渡した資産又は提供した役務の時価を基準として収益の額を計上するという、明文の規定が設けられましたから、収益認識基準の原則のような処理をする余地はありません。

3 **消費税**では、課税標準は課税資産の譲渡等の対価の額ですから、その現金以外の対価の額が譲渡した課税資産等の時価より低い場合であっても、その現金以外の対価の額が課税標準になり、課税資産等の時価に引き直して、消費税額を計算する必要はないものと考えます。

(解　説)

《企業会計》

(1) 収益認識基準において、収益の額を算定する基礎になる「取引価格」とは、財又はサービスの顧客への移転と交換に企業が権利を得る

と見込む対価の額をいいます（基準8項）。その取引価格を算定する際には、「現金以外の対価」の影響を考慮しなければなりません（基準48項(3)）。

　企業による契約を履行させるために、顧客が財又はサービス（例えば、材料、設備又は労働）を企業に提供する場合には、企業は、顧客から提供された、その財又はサービスに対する支配を獲得したかどうかを判定します。その結果、顧客から提供された財又はサービスに対する支配を獲得する場合には、その財又はサービスを、顧客から受け取る「現金以外の対価」として処理します（基準62項）。「現金以外の対価」とは、まさに現金以外の資産や権利その他経済的利益のことです。

（「現金以外の対価」の支払を受けた場合）
(2)　そこで、契約における対価が現金以外の場合に取引価格を算定するに当たっては、その対価を時価により算定します（基準59項）。その対価を現金で受け取る場合には、その現金で収益の額を算定することからすれば、その対価が現物の場合も、その現物の時価で収益の額を算定するのが、整合的な取扱いといえましょう。

　ただし、現金以外の対価の時価を合理的に見積ることができない場合には、その対価と交換に顧客に約束した財又はサービスの独立販売価格（財又はサービスを独立して企業が顧客に販売する場合の価格）を基礎としてその対価の額を算定することができます（基準60項）。

　このように、収益認識基準では、取引の対価を現金以外の現物で支払を受けた場合には、顧客に引き渡した財又はサービスの時価ではなく、支払を受けた現物の時価を取引価格として収益の額を認識するのが原則です。

《法人税》
（法人税の基本的な考え方）
(3)　法人税では、平成30年度の税制改正により、法人税法に資産の販売若しくは譲渡又は役務の提供（資産の販売等）による収益の額の基本原則が定められました。

すなわち、資産の販売等による収益の額は、資産の販売等をした資産の引渡しの時における価額又はその提供をした役務につき通常得べき対価の額に相当する金額(引渡し時の価額等)によります(法法22の2④)。この場合の「引渡し時の価額等」すなわち時価は、原則として資産の販売等につき第三者間で取引されたとした場合に通常付される価額をいいます(法基通2-1-1の10)。

これは、取引の対価を現物で支払を受けた場合であっても、支払を受けたその現物の時価ではなく、引渡した資産又は提供した役務の時価を基準として収益の額を計上するということです。

もし、支払を受けた現物の時価が引渡した資産又は提供した役務の時価よりも低い場合には、その差額は、寄附金又は交際費等として処理すべきことになります。もちろん、その差額が寄附金又は交際費等として損金の額に算入されないもの、剰余金の配当等や資産の増加又は負債の減少を伴い生ずるものに該当しない場合には、益金の額又は損金の額に算入する必要はありません(法基通2-1-1の10(注)2)。

(法人税に明文の取扱いがない理由)

(4) このように、法人税の対価を現物で支払を受けた場合の取扱いは、収益認識基準の原則の考え方と異なっています。しかし、その対応のための取扱いは明らかにされていません。

それは、法人税では平成30年度の税制改正において、引渡した資産又は提供した役務の時価を基準として収益の額を計上するという、明文の規定(法法22の2④)が設けられた以上、収益認識基準の原則のような処理をする余地はない、ということです。そのため、基本通達においても、「現金以外の対価」の支払を受けた場合の、収益認識基準に対応する改正は行われていません。

収益認識基準の「現金以外の対価の時価を合理的に見積ることができない場合」の取扱いの考え方が、法人税の原則である、といえましょう。

《消費税》

(5) 消費税の課税資産の譲渡等の課税標準は、課税資産の譲渡等の対価

の額です。その「対価の額」は、対価の額として収受し、又は収受すべき一切の金銭又は金銭以外の物若しくは権利その他経済的利益の額です（消法28）。

　ここで「収受すべき」とは、課税資産の譲渡等を行った場合の、その課税資産等の価額（時価）をいうのではなく、当事者間で授受することとした対価の額をいいます（消基通10-1-1）。

　また、「金銭以外の物若しくは権利その他経済的利益」とは、例えば、金銭以外の物若しくは権利の給付を受け、又は金銭を無償若しくは低利率で借り受けた場合のように、実質的に資産の譲渡等の対価と同様の経済的効果をもたらすものをいいます。

(時価に引き直すことの要否)

(6)　このように、消費税にあっても、課税資産の譲渡等に伴い「現金以外の対価」の支払を受けた場合には、課税関係が生じます。

　ただし、課税標準となる課税資産等の価額は、あくまでも当事者間で授受することとした対価の額をいいます。仮に、当事者間で授受することとした対価の額が、その課税資産等の時価より低い場合であっても、時価に引き直して課税標準を算定する必要はありません。

　したがって、その「現金以外の対価」の額が譲渡した課税資産等の時価より低い場合であっても、その現金以外の対価の額が課税標準になるものと考えます。

　これは、法人税の考え方、処理方法とは異なり、収益認識基準の考え方に近い、といえましょう。

4-9 資産の販売等に伴いキャッシュバック等を行う場合の処理

> **Q** 収益認識基準では、企業が顧客に商品や製品の販売後に、その顧客などに支払うキャッシュバック等は取引価格から減額することにされています。
> 　法人税や消費税でも同様の取扱いになるのでしょうか。

A　1　**収益認識基準**では、キャッシュバックなどの「顧客に支払われる対価」は、商品や製品の収益認識時点又はキャッシュバックなどの支払時点のいずれか遅い時に、そのキャッシュバック等の額を取引価格から減額します。

2　**法人税**では、資産の販売等による契約において、キャッシュバックなどのように相手方に対価が支払われることが条件となっている場合には、資産の販売等の収益の計上日又はキャッシュバックなどの支払日のいずれか遅い日において、そのキャッシュバック等の額を収益の額から減額します。

3　**消費税**では、キャッシュバックなどは、「売上げに係る対価の返還等」として処理すべきものであり、その処理をする時期は、収益認識基準や法人税の取扱いと同様でよいものと考えます。

(解　説)
《企業会計》
(1)　収益認識基準において、収益の額を算定する基礎になる「取引価格」とは、財又はサービスの顧客への移転と交換に企業が権利を得ると見込む対価の額をいいます（基準 8 項）。その取引価格を算定する際には、「顧客に支払われる対価」の影響を考慮する必要があります（基準48項(4)）。

　この「顧客に支払われる対価」は、企業が顧客に対して支払う、又

は支払うと見込まれる現金の額や顧客が企業に対する債務額に充当できるもの（例えば、クーポン）の額を含みます（基準63項）。

また、その「顧客に支払われる対価」には、顧客から企業の財又はサービスを購入する他の当事者（その顧客の顧客）に支払う対価が含まれます。例えば、企業が販売業者又は流通業者に商品又は製品を販売し、その後にその販売業者又は流通業者の顧客に企業が支払うような場合です（基準145項）。いわゆる「飛び越しリベート」といわれるものです。

（取引価格からの減額時点）

(2) その「顧客に支払われる対価」は、顧客から受領する別個の財又はサービスと交換に支払われるものである場合を除き、取引価格から減額します（指針〔設例14〕参照）。この場合、顧客に支払われる対価に変動対価が含まれる場合には、取引価格の見積りを行います（基準63項）。

その取引価格からの減額の時点は、次のイ又はロのいずれか遅い方が発生した時点です（基準64項）。

イ　関連する財又はサービスの移転に対する収益を認識する時
ロ　企業が対価を支払うか、又は支払を約束する時

一方、「顧客に支払われる対価」が、顧客から受領する別個の財又はサービスと交換に支払われるものである場合には、その財又はサービスの仕入先からの購入と同様の方法で処理します（指針30項）。これは、通常の財又はサービスの仕入れと変わらず、キャッシュバックなどではありません。

以上の取扱いは、企業が行うクーポンの付与、キャッシュバック、リベートなどの会計処理を示したものです。

《法人税》

（キャッシュバックなどの計上時期）

(3) 法人税でも、企業が行うキャッシュバックなどの取扱いが明らかにされています。

すなわち、資産の販売等の契約において、いわゆるキャッシュバッ

クのように相手方に対価が支払われることが条件となっている場合には、次に掲げる日のいずれか遅い日の属する事業年度においてその対価に相当する金額を、その事業年度の収益の額から減額します（法基通2-1-1の16）。

　イ　その支払う対価に関連する資産の販売等の引渡し等の日（法法22の2①）又はこれに近接する日（法法22の2②）―――資産の販売等の収益計上日

　ロ　その対価を支払う日又はその支払を約する日―――キャッシュバック等の支払日

　ただし、相手方に支払われる対価について、当分の間、その支払をした事業年度において損金算入をすることができます（平成30年改正法基通経過的取扱い(3)）。

(4)　このように、顧客に支払う値引き・割戻し等の変動対価の取扱い（法基通2-1-1の11）と異なり、キャッシュバックについては、その支払基準や支払方法など、細かな適用要件は付されていません。これは、この取扱いが適用できるのは「契約において相手方に対価が支払われることが条件となっている場合」に限られていますから、自ずから支払基準や支払方法などは当事者間で合意され、支払金額が算定できる、ということでしょう。

　この場合の「相手方に支払う対価」には、収益認識基準と同様、その相手方の顧客（顧客の顧客）に支払われる対価を含むものと考えます。

　以上の取扱いは、キャッシュバックなどの計上時期を示したもので、その考え方や計上時期は、収益認識基準と同様である、といえます。

《消費税》
（売上げに係る対価の返還等としての処理）
(5)　消費税の課税資産の譲渡等の課税標準は、課税資産の譲渡等の対価の額です（消法28①）。

　その課税資産の譲渡等につき、返品を受け、又は値引き若しくは割

戻しをしたことにより、「売上げに係る対価の返還等」をした場合には、その売上げに係る対価の返還等をした課税期間の課税標準額に対する消費税額から、売上げに係る対価の返還等に係る消費税額を控除することができます。ここで、「売上げに係る対価の返還等」とは、①課税資産の譲渡等の対価の額の全部若しくは一部の返還又は②売掛金等の債権の額の全部若しくは一部の減額をすることをいいます（消法38）。

（売上げに係る対価の返還等の範囲）

(6)　この場合、売上割戻しのほか、事業者が販売促進の目的で、その課税資産の販売数量、販売高等に応じて取引先に金銭で支払う販売奨励金等は、売上げに係る対価の返還等に該当します。ここで「取引先」には、課税資産の販売の直接の相手方のほか、その相手方の取引先を含みます。これは、例えば、製品メーカーの製品の直接の販売先である卸売業者のほか、その卸売業者の販売先である小売業者が含まれるということです。いわゆる「飛び越しリベート」も、売上げに係る対価の返還等に該当します（消基通14-1-2）。

　また、課税資産の譲渡等の対価をその支払期日よりも前に支払を受けたこと等を基因として支払う「売上割引」も、売上げに係る対価の返還等に該当します（消基通14-1-4）。

　このように、消費税にあっては、売上げに係る対価の返還等の範囲は広いものとなっていますから、キャッシュバックなども、売上げに係る対価の返還等として処理すべきものと考えます。その処理をする時期は、収益認識基準や法人税の取扱いと同様でよいものと考えられます。

4-10 企業が行う取引の本人取引又は代理人取引の区分

Q 収益認識基準では、顧客への財又はサービスの提供が本人取引であるか、代理人取引であるかに応じ、総額表示又は純額表示による会計処理を行います。
　これに対し、法人税には、そのような本人取引であるか、代理人取引であるかの取扱いはないように思われます。それはどのような理由によるのでしょうか。
　また、消費税の取扱いはどうでしょうか。

A　1　**収益認識基準**では、企業の財又はサービスの提供が、①本人取引である場合には、その提供と交換に企業が利益を得ると見込む対価の総額を収益として認識し、②代理人取引である場合には、他の当事者によって提供されるように手配することと交換に企業が権利を得ると見込む報酬又は手数料の純額を収益として認識します。

2　**法人税**では、法人が行う取引について、本人取引として総額表示によって商品の売上と仕入を両建て経理しても、代理人取引として報酬又は手数料として純額表示によって経理しても、課税所得の計算には影響がありませんから、本人取引であるか、代理人取引であるかの取扱いは定めていません。

3　**消費税**では、事業者の行う取引が本人取引か代理人取引かによって、課税売上げ及び課税仕入れの金額が違ってくることが考えられ、特に百貨店などの消化仕入については、収益認識基準の純額表示のような考え方で処理すべきものと考えます。

(解　説)
《企業会計》
(本人取引か代理人取引かに応じた処理)

(1)　収益認識基準では、顧客への財又はサービスの提供に他の当事者が関与している場合において、顧客との約束がその財又はサービスを企業自ら提供する履行義務と判断され、企業が「本人」に該当するときは、その財又はサービスの提供と交換に企業が利益を得ると見込む対価の総額を収益として認識します（指針39項、135項）。この取扱いは、本人取引の場合のものであり、総額表示の考え方です。

　一方、顧客との約束がその財又はサービスを他の当事者によって提供されるように企業が手配する履行義務と判断され、企業が「代理人」に該当するときは、他の当事者によって提供されるように手配することと交換に企業が権利を得ると見込む報酬又は手数料の金額を収益として認識します（指針40項、135項）。企業が代理人として回収する財又はサービスの対価の額は、他の当事者である「第三者のために回収する額」ですから、その取引価格から除外され、収益として認識しません（基準8項、47項、Q4－1参照）。これが、代理人取引の場合の取扱いであり、純額表示の考え方です。

(本人と代理人の区分の判定手順)

(2)　この場合の「本人」と「代理人」の区分の判定は、顧客に約束した特定の財又はサービスのそれぞれについて行われ、顧客との契約に複数の財又はサービスが含まれている場合には一部は本人に該当し、その他の部分は代理人に該当することがあり得ます（指針41項）。

　その顧客との約束の性質が、財又はサービスを①企業自ら提供する履行義務であるか（本人）、②他の当事者が提供するよう手配する履行義務であるか（代理人）の判定は、次のイ及びロの手順に従って判断します（指針42項）。

　イ　顧客に提供する財又はサービスを識別すること

　　——例えば、その財又はサービスは、他の当事者が提供する財又はサービスに対する権利である可能性があります。

ロ 財又はサービスが顧客に提供される前に、その財又はサービスを企業が支配しているかどうかを判断すること
　　——資産に対する支配とは、その資産の使用を指図し、その資産からの残りの便益の全てを享受する能力をいいます（基準37項）。

（本人と代理人の区分の判定指標）

(3) 顧客に提供される前に財又はサービスを、企業が支配しているときは「本人」に該当し、支配していないときは「代理人」に該当します（指針43項）。

　この場合の本人に該当することの評価に際して、企業が財又はサービスを顧客に提供する前に支配しているかどうかの判定に当たっては、例えば、次のイからハまでの指標を考慮します（指針47項、136項）。この指標を満たせば、「本人」に該当する、といえましょう。

イ 企業が財又はサービスを提供するという約束の履行に対して主たる責任を有していること
ロ その財又はサービスが顧客に提供される前、あるいはその支配が顧客に移転した後において、企業が在庫リスクを有していること
ハ その財又はサービスの価格の設定において企業が裁量権を有していること

（消化仕入の処理）

(4) 以上の取扱いは、典型的には商社や百貨店、スーパーなどの商取引の会計処理を示したもので、今後は、損益計算書のトップに表示される売上高が大きく変動する、といわれています。

　例えば、百貨店やスーパーなどの、いわゆる消化仕入が問題になってきます。「消化仕入」とは、百貨店等が、テナントと商品の売買契約を結び、テナントが顧客へその商品を販売すると同時にその商品を仕入れる取引をいいます。その場合の商品の法的所有権はテナントが有し、在庫管理責任やリスクはテナントが負います。

　このような特質を有する消化仕入は、原則として代理人取引に該当し、顧客への販売価額とテナントからの仕入価額の差額は、手数料等の収入として認識すべきものと考えられます。

《法人税》

(5) 法人税においては、法人が行う取引が本人取引であるか、代理人取引であるかの取扱いを定めたものはありません。それは、本人取引として総額表示によって商品の売上と仕入を両建て経理しても、代理人取引として報酬又は手数料として純額表示によって経理しても、課税所得の計算には影響がないからです。

　法人税の課税所得はいわば最終的な利益金額ですから、本人取引としても、代理人取引としても、結果的に同一の課税所得となります。そのため、基本通達でも、収益認識基準に対応した特段の取扱いは定められていません。

(6) ただ、法人税では、売上金額が基準になっている制度があることに留意が必要です。例えば、研究開発税制における「高水準型の税額控除」にあっては、4事業年度の平均売上金額が基準になっています（措法42の4⑧八、十）。総額表示によるか、純額表示によるかによって、「試験研究費割合」が違ってくることが考えられます。そのような意味では、法人税にあっても、総額表示によるか、純額表示によるかは、厳格に判定する必要がある、といえましょう。

　その売上金額は、棚卸資産の販売その他事業として継続して行われる資産の譲渡及び貸付け並びに役務提供に係る収益の額（営業外収益の額を除く。）として益金算入される金額です（措令27の4⑮）。

《消費税》

(7) 消費税にあっては、事業者の行う取引が本人取引か代理人取引かによって、課税売上げ及び課税仕入れの金額が違ってくることが考えられます。

(消費税取扱い例のケース6)

　消費税取扱い例のケース6（消化仕入）では、「百貨店Aは、B社と消化仕入契約を締結している。百貨店Aは顧客に1個20,000円の商品（卸値19,000円）を1個販売した。百貨店Aは、自らをこの消化仕入れに係る取引における代理人に該当すると判断している。」という消化仕入れのケースをあげています。

このケースの企業会計と法人税の処理は、次のようになります（適用指針〔設例28〕参照）。

売　掛　金　　21,600　／　手数料収入　　1,000
仮払消費税　　 1,520　　　買　掛　金　 20,520
　　　　　　　　　　　　　仮受消費税　　1,600

　すなわち、百貨店Aは、B社の代理人ですから、その手数料収入1,000円を収益として認識します。売掛金21,600円と買掛金20,520円は、いわば備忘勘定というべきものです。

(8)　これに対し、消費税では、顧客に販売した対価20,000円（税抜き）が課税標準の額となり、課税売上げの対価20,000円、課税売上げに係る消費税額1,600円として処理します。

　一方、B社からの仕入対価19,000円（税抜き）が仕入税額控除の対象になり、課税仕入れの対価19,000円、課税仕入れに係る消費税額1,520円となります。

　その結果、課税売上げに係る消費税額1,600円と課税仕入れに係る消費税額1,520円との差額80円が、手数料収入1,000円に係る消費税額となります。

　このように、消費税では、実際に授受する現金（資産・負債）の動きのままに処理します。

5 収益の計上時期

〔基本原則〕

5-1 収益の計上時期の原則

> **Q** 収益認識基準では、「履行義務の充足」が収益の認識時期のポイントとなっており、履行義務を充足したかどうか、それに応じて各種の取扱いが明らかにされています。
> 法人税でも、同じように、「履行義務の充足」が収益の計上時期の基準になるのでしょうか。消費税の課税資産の譲渡等の時期も同様でしょうか。

A 1 **収益認識基準**では、企業は約束した財又はサービスを顧客に移転することにより、履行義務を充足した時に、又は履行義務の充足につれて収益を認識するのが原則です。

2 **法人税**では、資産の販売等に係る目的物の引渡し又は役務の提供の日の属する事業年度において収益を計上するのが原則であり、その基本的な考え方は、収益認識基準と同様であるといえましょう。

3 **消費税**でも、納税義務の成立の時期や消費税額の申告に当たって、資産の譲渡等をした時期が問題になりますから、消費税法基本通達に詳細な取扱いが明らかにされており、収益認識基準に対応する取扱いを除き、基本的には基本通達の取扱いと同様です。

（解　説）
《企業会計》
（履行義務の充足による収益認識の原則）
(1) 収益認識基準における収益を認識するための5ステップのうち、第5ステップの履行義務を充足した時に、又は履行義務の充足につれて収益を認識するという「履行義務の充足」が、収益の認識時期の基準を示したものです。

　ここで「履行義務」とは、顧客との契約において、①別個の財又はサービス又は②一連の別個の財又はサービスのいずれかを顧客に移転する約束をいいます（基準7項）。

　収益認識基準では「履行義務」という新たな概念を導入し、その履行義務の充足が、収益の認識時期のポイントとなります。

(2) すなわち、企業は約束した財又はサービス（資産）を顧客に移転することにより、履行義務を充足した時に、又は履行義務の充足につれて収益を認識します。その資産が移転するのは、顧客がその資産に対する支配を獲得した時又は獲得するにつれてです（基準35項）。

　その「資産に対する支配」とは、その資産の使用を指図し、その資産からの残りの便益のほとんどを享受する能力をいいます（基準37項）。その「支配の移転」は、資産を提供する企業又はその資産を受領する顧客の、いずれの観点からも判定することができます。企業が支配を喪失した時、又は顧客が支配を獲得した時のいずれかとなります。通常は、その両者の時点は一致しますが、企業は顧客の観点からも支配の移転を検討する必要があります（基準132項）。

（履行義務の性質・種類の判定）
(3) この場合、企業は契約の取引開始日に、履行義務のそれぞれが、①一定の期間にわたり充足されるものか、又は②一時点で充足されるものかを判定します（基準36項）。

　その判定の結果、その履行義務が一定の期間にわたり充足されるものである場合には、資産に対する支配を顧客に一定の期間にわたり移転することにより、その一定の期間にわたり履行義務が充足され、収

益を認識します（基準38項、41項〜45項）。これは、「履行義務の充足につれて」すなわち一定の期間の経過に応じて収益を認識することを意味しています。

一方、その履行義務が一定の期間にわたり充足されるものでない場合には、一時点で充足される履行義務として、資産に対する支配を顧客に移転する時に収益を認識します（基準39項、40項）。これは、「履行義務を充足した時」すなわち一時点で収益を認識するということです。

これらの考え方は、収益は資産を顧客に引き渡した時に認識するという原則です。収益認識基準では、広い意味の検収基準が原則とされているといえましょう（基準40項参照）。

《法人税》
(4) 法人税では、資産の販売若しくは譲渡又は役務の提供（資産の販売等）による収益の額は、原則として、その資産の販売等による目的物の引渡し又は役務の提供の日の属する事業年度において計上します（法法22の2①）。

これは、平成30年度の税制改正で新設された規定ですが、引渡（提供）基準を意味しています。従来から基本通達において定められていた収益の計上基準の、基本的考え方と何ら異なるものではありません。

法人税では、収益の計上時期の基準を「履行義務の充足」という言葉では表現していません。しかし、「目的物の引渡し又は役務の提供」は言葉を代えていえば、履行義務の充足ということです。すなわち、目的物の引渡しは、多くの場合、履行義務が一時点で充足されるものであり、役務の提供は、履行義務が一定の期間にわたり日々充足されるものが多いといえましょう。

そのような意味で、収益認識基準と同様の考え方である、といってよいと思います。

《消費税》
(5) 消費税は、課税資産の譲渡等をした時に納税義務が成立します（通

法15②七)。

　また、仮決算による中間申告又は確定申告は、その課税期間中に行った課税資産の譲渡等による課税標準額とその課税標準額に対する消費税額を計算し、仕入税額控除等の各種税額控除を行って、納付すべき（又は還付を受ける）消費税額を申告します（消法43、45）。

　このように、消費税にあっても、資産の譲渡等をした時はいつであるかが問題になります。

　そこで、消費税法基本通達第9章において「資産の譲渡等の時期」として、資産の譲渡や資産の貸付け、役務の提供の時期について詳細に定めています。それは、収益認識基準に対応する取扱いを除き、基本的には基本通達の取扱いと同様です。

5-2 収益の計上時期の特例

Q 収益認識基準では、収益の認識時期の原則的な取扱いに対し、重要性等の観点から、いくつかの「代替的な取扱い」が認められています。
　法人税における収益の計上時期又は消費税の資産の譲渡等の時期についても、特例的な取扱いがあるのでしょうか。

A 1　**収益認識基準**では、履行義務を充足したとき又は履行義務の充足につれて収益を認識する原則的な取扱いに対し、重要性等の観点から、例えば運送業における「航海完了基準」、棚卸資産の「出荷基準」や「着荷基準」など「代替的な取扱い」が認められています。
2　**法人税**では、資産の販売等による目的物の引渡し又は役務の提供の日に収益計上するのが原則ですが、公正処理基準に従って、これらの日に「近接する日」に収益計上をする、委託販売の「仕切精算書到達日基準」やガス、電気等販売の「検針日基準」、固定資産譲渡の「契約効力発生日基準」、運送業の「乗車券等発売基準」、「航海完了基準」などが認められています。
3　**消費税**でも、法人税において目的物の引渡しの日又は役務の提供の日に「近接する日」に収益計上が認められているものは、資産の譲渡等の時期として、全て同様の取扱いが定められています。

(解　説)
《企業会計》
(1)　収益認識基準では、収益の認識時期の原則は、企業が約束した財又はサービス（資産）を顧客に移転することにより、履行義務を充足した時に、又は履行義務の充足につれて収益を認識することです。その資産が移転するのは、顧客がその資産に対する支配を獲得した時又は

獲得するにつれてです(基準35項、Q5-1参照)。

これは、収益は資産を引き渡した時に認識するという、引渡基準すなわち広い意味の検収基準が原則である、ということです(基準40項)。

(代替的な取扱い)
(2) この原則的な取扱いに対し、重要性等の観点から、例えば、次のような「代替的な取扱い」が認められています。

　イ　期間がごく短い工事契約(仕事の完成に対して対価が支払われる請負契約のうち、土木、建築、造船や一定の機械装置の製造等、基本的な仕様や作業内容を顧客の指図に基づいて行うもの)及び受注制作のソフトウエア(契約の形式にかかわらず、特定のユーザー向けに制作され、提供されるソフトウエア)については、一定の期間にわたり収益を認識せず、完全に履行義務を充足した時点で収益を認識することができる(基準13項、14項、指針95項、168項、169項)。

　ロ　一定の期間にわたる船舶による運送サービスについて、一航海の船舶が発港地を出発してから帰港地に到着するまでの期間が通常の期間である場合には、複数の顧客の貨物を積載する船舶の一航海を単一の履行義務としたうえで、その期間にわたり収益を認識することができる(指針97項、170項)。

　ハ　商品又は製品の国内の販売において、出荷時からその商品又は製品の支配が顧客に移転される時までの期間が通常の期間である場合には、出荷時からその商品又は製品の支配が顧客に移転される時までの間の一時点(例えば、出荷時や着荷時)で収益を認識することができる(指針98項、171項)。

　ニ　一定の期間にわたり充足される履行義務について、契約の初期段階において、履行義務の充足に係る進捗度を合理的に見積ることができない場合には、その契約の初期段階に収益を認識せず、その進捗度を合理的に見積ることができる時から収益を認識することができる(指針99項、172項)。

《法人税》

(3) 法人税では、資産の販売若しくは譲渡又は役務の提供（資産の販売等）に係る目的物の引渡し又は役務の提供の日の属する事業年度において収益を計上するのが原則です（法法22の2①、Q5-1参照）。

　この原則に対し、資産の販売等による収益の額について、一般に公正妥当と認められる会計処理の基準（公正処理基準）に従って、その資産の販売等に係る契約の効力が生ずる日その他の「目的物の引渡し又は役務の提供の日に近接する日」の属する事業年度の確定した決算において収益として経理すれば、その事業年度の益金の額に算入することができます（法法22の2②）。引渡（提供）基準によらず、契約効力発生日基準などにより収益計上が認められる、ということです。

（申告調整による「近接する日」の収益計上）

(4) この「近接する日」における収益計上は、確定した決算によらず、確定申告書に収益の額の益金算入に関する申告の記載をすること、すなわち「申告調整」によって行うこともできます（法法22の2③）。法人税独自に個々に収益の計上基準が定められているような場合、それを申告調整により適用する、ということになりましょう。ただし、この申告調整による収益計上であっても、公正処理基準に従う必要があることに留意を要します。

　しかし、確定した決算において「目的物の引渡し又は役務の提供の日」やこれらの日に「近接する日」に収益計上の経理をしている場合についてまで、申告調整をすることを認めるものではありません。

（「近接する日」に収益計上ができる例）

(5) この「近接する日」に収益計上が認められているものに、次の表のようなものがあります。主として原則的な取扱いに対して「ただし書き」として定められているものです。委託販売の「仕切精算書到達日基準」やガス、電気等販売の「検針日基準」、固定資産譲渡の「契約効力発生日基準」、運送業の「乗車券等発売基準」、「航海完了基準」などが認められます。

新通達番号	表題	旧通達番号
2-1-3	委託販売に係る収益の帰属の時期	2-1-3
2-1-4	検針日による収益の帰属の時期	(新設)
2-1-14	固定資産の譲渡に係る収益の帰属の時期	2-1-14
2-1-15	農地の譲渡に係る収益の帰属の時期の特例	2-1-15
2-1-16	工業所有権等の譲渡に係る収益の帰属の時期の特例	2-1-16
2-1-21の9	不動産の仲介あっせん報酬の帰属の時期	2-1-11
2-1-21の11	運送収入の帰属の時期	2-1-13
2-1-29	賃貸借契約に基づく使用料等の帰属の時期	2-1-29
2-1-30の2	工業所有権等の実施権の設定に係る収益の帰属の時期	2-1-16
2-1-30の5	工業所有権等の使用料の帰属の時期	2-1-30

 なお、上記(2)の収益認識基準における「代替的な取扱い」は、上記(2)イを除き、いずれも法人税でも認められています（法基通2-1-21の11(3)、2-1-2、2-1-21の5（注）3）。

《消費税》

(6) 消費税では、納税義務の成立の時期の判定（通法15②七）や仮決算による中間申告又は確定申告（通法43、45）に当たって、課税資産の譲渡等をした時はいつであるかが問題になります（Q5-1参照）。

 そこで、消費税法基本通達第9章において「資産の譲渡等の時期」として、資産の譲渡や資産の貸付け、役務の提供の時期について詳細に定めています。そのなかに、上記(5)の法人税において「近接する日」に収益計上が認められているものは、全て同様の取扱いが定められています（消基通9-1-3、9-1-2、9-1-13～9-1-15、9-1-10、9-1-12、9-1-20、9-1-21）。

5-3　取引価格が事後的に変動した場合の修正の経理

Q 企業が行う取引の取引価格は、契約変更などにより事後的に変動することがあります。そのような取引価格の事後的な変動があった場合、どのような修正を、いつの事業年度において行うのでしょうか。
その取扱いは、収益認識基準と税務で同じでしょうか。

A 1　**収益認識基準**では、取引価格の事後的な変動を、①契約変更によらない場合と②契約変更による場合とに分けて、それぞれ取引価格が変動した期の収益の額を修正します。

2　**法人税**では、前事業年度以前に行った取引の取引価格に変動があった場合には、変動があった事業年度に収益の額を修正することができ、これは収益認識基準の取扱いに対応するものです。

3　**消費税**では、その資産の譲渡等をした課税期間の末日までに、その対価の額が確定していないときは、同日の現況によりその金額を適正に見積り、確定した対価の額と見積額との差額は、その確定した課税期間における資産の譲渡等の対価の額に加算し、又は対価の額から控除します。

（解　説）
《企業会計》
（契約変更によらない場合の処理）
(1)　企業が行う取引の取引価格は、契約における取引開始日後にさまざまな理由で変動する可能性があります。これには、不確実な事象が確定することやその他の状況により、約束した財又はサービスの顧客への移転と交換に企業が権利を得ると見込む対価の額を変動させるものが含まれます（基準149項）。

　収益認識基準では、まず、契約変更によらない取引価格の事後的な

変動については、契約における取引開始日後の独立販売価格（財又はサービスを独立して企業が顧客に販売する場合の価格）の変動を考慮せず、その変動額を、契約における取引開始日と同じ基礎により契約における各履行義務に配分します。そのうえで、その変動額のうち、既に充足した履行義務に配分された額については、取引価格が変動した期の収益の額を修正します（基準74項、指針〔設例13〕）。

これは、取引価格の事後的な変動による収益の額の修正は、既に履行義務を充足し収益を認識した事業年度に遡及して行うのではなく、契約の取引開始日と同じ基礎により、その変動した事業年度において行う、ということです。

まだ充足していない履行義務に配分された額については、履行義務が充足されたときに処理すればよいことになります。

（契約変更による場合の処理）

(2) 一方、契約変更による取引価格の事後的な変動については、次の場合に応じて、それぞれ次のとおり処理します（基準76項、30項、31項）。ここで「契約変更」とは、契約の当事者が承認した契約の範囲又は価格（あるいは両方）の変更をいいます（基準28項）。

 イ 契約変更が次の①と②の要件のいずれも満たす場合̶̶̶その契約変更を独立した契約として処理する。

  ① 別個の財又はサービスの追加により、契約の範囲が拡大されること

  ② 変更される契約の価格が、追加的に約束した財又はサービスの独立販売価格に特定の契約の状況に基づく適切な調整を加えた金額分だけ増額されること

 ロ 契約変更が上記イの要件を満たさず、独立した契約として処理されない場合̶̶̶契約変更日において未だ移転していない財又はサービスについて、次のいずれかの方法により処理する。

  ① 未だ移転していない財又はサービスが契約変更日以前に移転したものと別個のものであるとき̶̶̶契約変更を既存の契約を解約して新しい契約を締結したものと仮定して処理する。

② 未だ移転していない財又はサービスが契約変更日以前に移転したものと別個のものではなく、契約変更日において部分的に充足されている単一の履行義務の一部を構成するとき―――契約変更を既存の契約の一部であると仮定して処理する。

③ 未だ移転していない財又はサービスが①と②を含むとき―――契約変更が変更後の契約における未充足の履行義務に与える影響を、それぞれ①又は②の方法に基づき処理する。

《法人税》

(3) 法人税でも、事後的に取引価格が変動した場合には、収益の額を修正することが認められています。

すなわち、資産の販売若しくは譲渡又は役務の提供（資産の販売等）に係る収益の額につき、一般に公正妥当と認められる会計処理の基準（公正処理基準）に従って、資産又は役務の取引があった事業年度後の事業年度の確定した決算において修正の経理をした場合において、その修正後の金額が資産又は役務の時価相当額であるときは、修正の経理により増加し、又は減少した収益の額は、その修正の経理をした事業年度の益金の額又は損金の額に算入します（法令18の2①）。この収益の額の修正は、申告調整によっても行うことができます（法令18の2②）。

これは、過年度に益金算入された資産の販売等による収益の額につき、その後の事業年度において、変動対価の見積りの変更や変動対価の額の確定があった場合には、その事実を反映する修正の経理を行うことができる、ということです。その修正の経理は、現に変動があった事業年度において行います。過年度に遡及して修正する必要はありません。

（収益の修正と公正処理基準の関係）

(4) この場合、その収益の額の修正は、公正処理基準に従う必要がある点に留意を要します。

例えば、資産の販売等による収益の額につき、その収益計上をすべき事業年度において収益の額として経理していない場合に、その後の

事業年度の確定した決算において行う受入れの経理（申告調整を含む。）は、公正処理基準に従って行う修正の経理には該当しません（法基通2-1-1の11(注)2）。単なる、売上の計上漏れである、ということです。

上述した収益認識基準の取引価格が変動した場合の処理は、公正処理基準に該当する、といえるでしょうから、法人税も収益認識基準の処理を前提にしている、といってよいでしょう。

(5) また、過年度に益金算入した資産の販売等に係る資産又は役務の時価（収益基礎額）が、その後に生じた事情により変動した場合において、上記(3)の取扱いの適用を受けていないときは、その変動により増加し、又は減少した収益の額は、変動することが確定した事業年度の益金の額又は損金の額に算入します（法令18の2③）。

これは、「収益基礎額」につき、収益計上した事業年度後に変動対価の修正事由が生じた場合において、上記(3)の適用をしていないときは、変動対価の額が確定した事業年度においてその変動額を所得計算に反映させる、ということです。税務署長は、変動後の収益基礎額が確定した事業年度において更正をする、という趣旨です（法基通2-1-1の11(注)1参照）。

もちろん、資産等の引渡しがあった事業年度において収益として経理又は申告調整をしていない場合には、引渡し等があった事業年度の益金の額を更正することになります。

（対価の額が合意されていない場合の処理）

(6) 資産の販売等に係る目的物の引渡し又は役務の提供の日の属する事業年度末までにその対価の額が合意されていない場合には、その事業年度末の現況により引渡し時の価額等を適正に見積もって、収益計上をします（法基通2-1-1の10）。これも、変動対価の取扱いといえましょう。

この場合において、その後確定した対価の額が見積額と異なるときは、上記(3)の適用を受ける場合を除き、その差額は、その確定した事業年度の収益の額を減額し、又は増額します（法基通2-1-1の10(注)

（前期損益修正）

(7)　なお、前事業年度以前に収益計上した資産の販売又は譲渡、役務の提供その他の取引について、契約の解除又は取消し、返品等の事実が生じた場合には、これらの事実による損失の額は、これらの事実が生じた事業年度の損金の額に算入します（法基通2-2-16）。

　この取扱いは、上述した取引価格の変動に伴う収益の額の修正といった問題ではありませんが、収益計上した事業年度に遡及して収益の額を修正することはしない、ということです。

　この点に関しては、課税標準額又は税額の計算の基礎になった事実に係る契約が解除され、又は取り消された場合には、更正の請求ができること（通法23②三、通令6①二）、過年度に遡及して収益を修正しないと納税者に酷になる場合があることなどから、過年度の収益の修正を認めるべきである、という議論があります（最高判・昭和62.7.10税資159号65頁参照）。

　このように、取引価格の変動に伴う収益の修正を含めて、過年度に計上した収益の修正をいつ行うかは、重要な論点を提示しています。

《消費税》

(8)　消費税の課税資産の譲渡等の課税標準は、課税資産の譲渡等の対価の額です。その「対価の額」とは、対価の額として収受し、又は収受すべき一切の金銭又は金銭以外の物若しくは権利その他経済的利益の額をいいます（消法28）。

　この場合において、その資産の譲渡等をした課税期間の末日までに、その対価の額が確定していないときは、同日の現況によりその金額を適正に見積ります。

　その後、確定した対価の額が見積額と異なるときは、その差額は、その確定した課税期間における資産の譲渡等の対価の額に加算し、又は対価の額から控除します（消基通10-1-20）。

　これは上記(6)の法人税の考え方と全く同様のものです。そのような意味では、消費税にも変動対価の考え方がある、といえましょう。

5-4 収益計上ができる「近接する日」と公正処理基準との関係等

> **Q** 法人税では、資産の販売等に係る収益について、「目的物の引渡し又は役務の提供の日」ではなく、その日に「近接する日」に収益計上することも認められています。しかし、その「近接する日」における収益計上は、公正妥当な会計処理基準に従う必要があります。そうしますと、法人税で「近接する日」に該当するといわれている基準は、全て公正妥当な会計処理の基準である、と考えてよいのでしょうか。
> 　また、取引価格が事後的に変動した場合には、公正妥当な会計処理の基準に従って、修正の経理をすることができることになっています。
> 　このように、公正妥当な会計処理の基準がクローズ・アップされてきましたので、その内容を、今一度確認しておきたいと思います。

A 1 **会社法**では、会社の会計は、一般に公正妥当と認められる企業会計の慣行に従うものとされ、金融商品取引法でも、貸借対照表、損益計算書などは、一般に公正妥当であると認められたところに従って作成しなければならないこととされています。

2 **法人税**の、一般に公正妥当と認められる会計処理の基準は、具体的に文章化された基準を予定するものではなく、一般社会通念に照らして、客観的な規範性を持つ公正妥当と認められる会計処理の基準という意味であり、「近接する日」における収益計上は、基本的には、この基準に該当するものと考えます。

3 **消費税**には、企業会計や法人税のような、一般に公正妥当と認められる会計処理の基準に関する法令の規定や通達の定めはありませんが、資産の譲渡等の時期の判定に当たっては、事実上、企業会計や法人税をベースにした同基準を参照することになるものと思われます。

（解　説）
《企業会計》
⑴　会社法では、会社の会計は、一般に公正妥当と認められる企業会計の慣行に従うものとされています（同法431、614）。

　また、会社は、適時に、正確な会計帳簿を作成しなければなりません（会社法432①、615①）。ここでいう「正確」とは、取引事実につき記録された価額、計算が正確であることを要請するものといえましょう。

　一方、会社計算規則の用語の解釈及び規定の適用に関しては、一般に公正妥当と認められる企業会計の慣行をしん酌しなければなりません（同規則3）。

　更に、金融商品取引法では、貸借対照表、損益計算書その他の財務計算に関する書類は、内閣総理大臣が一般に公正妥当であると認められたところに従って内閣府令で定める用語、様式及び作成方法により、これを作成しなければならない、とされています（同法193）。この「内閣府令で定める用語、様式及び作成方法」は、「財務諸表等の用語、様式及び作成方法に関する規則」（財務諸表等規則）ですから、財務諸表等規則は一般に公正妥当なものである、ということになります。

　「一般に公正妥当と認められる企業会計の慣行」の「公正」とは、会社の財産及び損益の状況を明らかにするという、会計帳簿及び計算書類の作成目的（会社法435②）に照らして判断されるべきものでしょう。また、「企業会計の慣行」は、その業界などにおいて慣習的に、反復、継続して適用されているものをいう、と考えられます。

　なお、「企業会計原則」は、企業会計の実務の中で慣習として発達したもののなかから、一般に公正妥当と認められたところを要約したものである、といわれています。

《法人税》
（公正処理基準の意義と機能）
⑵　法人税の課税所得の計算上、益金の額に算入すべき収益の額及び損

金の額に算入すべき原価・費用・損失の額は、別段の定めがあるものを除き、一般に公正妥当と認められる会計処理の基準（公正処理基準）に従って計算します（法法22④）。平成30年度の税制改正により、「別段の定めがあるものを除き」という文言が挿入されました。

この公正処理基準は、「企業会計原則」や各種会計基準とその実務指針、会社法の計算規定のような、具体的に文章化された基準を予定するものではありません。あくまでも、一般社会通念に照らして、客観的な規範性を持つ公正処理基準という意味です。企業会計の実務の中で、ただ単に慣習として一般に行われているというだけでは、公正処理基準には該当しません（大阪高判・平成3.12.19 行裁例集42巻11・12号1894頁）。規範にまで高められたものである必要があります。

最高裁は、現に法人のした利益計算が、法人税法の企図する公正な所得計算としての要請に反するものでない限り、課税所得の計算上もこれを是認するのが相当であるとの見地から、収益などを一般に公正と認められる会計処理に従って計上すべきことを定めたもの、と判示しています（最高判・平成5.11.25 民集47巻9号5278頁）。

（公正処理基準の判断事例）

(3) 「企業会計原則」や各種会計基準とその実務指針、会社法の計算規定は、基本的には公正処理基準に該当するといってよいと考えます。

例えば、劣後受益権について、金融商品会計実務指針105項と同様の会計処理を選択し、継続して各事業年度に同様の会計処理によって収益を計上したことは、公正処理基準に適合する、というものがあります（東京高判・平成26.8.29 税資264号－142）。

また、商品券等について、商品と引き換えた時ではなく、その発行した時に収益計上する方法（旧法基通2－1－39）は、その取扱いが制定されてから20年近く経過し、定着しているので、公正処理基準に該当するとしています（名古屋地判・平成13.7.16 訟務月報48巻9号2322頁）。

(4) 一方、不動産流動化実務指針（日本公認会計士協会・会計制度委員会報告第15号）に基づいて、土地、建物の信託受益権を法的に譲渡し、

対価を現に収入している場合、それを譲渡と認識せず、収益の実現があったとしなかった処理は、公正処理基準に該当しない、とされた事例があります（東京高判・平成25.7.19 訟務月報60巻5号1138頁）。

　会計基準や実務指針の中には、公正処理基準に該当しない、とされたものがある点に留意を要します。

　その点からすれば、企業会計と法人税では、予定している公正処理基準の内容が異なっているのかもしれません。会社法では「企業会計の慣行」といい、法人税では「会計処理の基準」といっています。「慣行」は習わしであり、「基準」は拠り所ですから、相当にニュアンスが違います。

（荷為替取組日基準と船積日基準の是非）

(5)　また、どちらの基準が公正処理基準に該当するかどうか議論になった事例として、輸出取引の収益計上基準をめぐるものがあります。法人が採用した荷為替取組日基準（荷為替を取り組んだ日に収益計上する方法）は、その収益計上時期を人為的に操作する余地を生じさせる点において、公正処理基準に該当せず、船積日基準（販売商品を船積みした日に収益計上する方法）が公正処理基準に該当する、とされた事例です。

　ただし、これには荷為替取組日基準も公正処理基準に適合する、という反対意見が付されています（最高判・平成5.11.25 民集47巻9号5278頁）。

　法人が慣行的に適用している基準であっても、人為的な利益操作の余地が大きいような方法は、公正処理基準とはいえません。

(6)　上述のような議論のほか、公正処理基準に従って課税所得を計算することは、租税法律主義に抵触するのではないか、という議論がみられます。会計処理の基準は国会の承認を受けた法令ではないから、それに依拠して課税するのは、租税法律主義に違反するのではないか、というわけです。

　そのような観点からすれば、公正処理基準は具体的に文章化された基準をいうものではなく、観念的、理念的なものである、と整理する

のがよいかもしれません。

(「近接する日」と公正処理基準)

(7) そこで、以上のような議論を前提に、法人税で収益計上が認められている「近接する日」(法法22の2②) が、上述した公正処理基準に当たるのかどうかです。

　従来から、資産の販売等に伴う目的物の引渡し又は役務の提供の日以外の日において収益を認識する会計慣行があります。その会計慣行に従って収益として経理している場合には、法人税でも同様に取り扱われてきました。取引の経済的実態からみて、合理的な収益の認識基準の選択適用が認められてきたといえましょう。

　そのような会計慣行もあり、従来の取扱いを維持するため、法人税では目的物の引渡し又は役務の提供の日だけでなく、その日に「近接する日」における収益計上も認められたところです。したがって、基本的には、「近接する日」における収益計上は、公正処理基準に該当するといえましょう。そのように解さなければ、「近接する日」における収益計上を認めた意味がありません。

　とはいえ、あくまでも公正処理基準に従う必要がありますから、自社が採用した「近接する日」が同基準に該当するのかどうか、自社の観点からの検証は要します。

《消費税》

(8) 消費税には、企業会計や法人税のような、公正処理基準に関する法令の規定や通達の定めはありません。むしろ、企業会計や法人税で公正処理基準と認められる会計処理であっても、消費税では別個の考え方、取扱いをするものが少なくありません。例えば、資産の販売等に伴いポイントや保証を付与した場合、販売対価に重要な金融要素が含まれる場合や変動対価がある場合の取扱いなどです (Q4-3、4-5、4-6、4-8等)。

　ただ、消費税では、納税義務の成立の時期の判定 (通法15②七) や仮決算による中間申告又は確定申告 (消法43、45) に当たって、資産の譲渡等の時期が問題になります (Q5-1参照)。

その資産の譲渡等の時期の判断に当たっては、企業会計や法人税をベースにした公正処理基準を参照するものと思われます。そのような意味では、事実上、公正処理基準が機能しているといえましょう。

〔棚卸資産の販売収益〕

5-5 長期割賦販売等に係る割賦基準（延払基準）の廃止

Q 収益認識基準の導入に伴い、割賦販売における収益の計上基準である割賦基準の適用は認められないことになりました。
　この点は、税務にあっても同様でしょうか。リース譲渡はどうでしょうか。

A 1　収益認識基準の導入に伴い、商品等の割賦販売に適用される割賦基準は廃止されましたが、リース取引については従前どおりの取扱いができます。
2　**法人税**では、長期割賦販売等に該当する資産の販売等についての延払基準の適用は廃止されましたが、リース譲渡については、従前どおり延払基準の適用ができます。
3　**消費税**でも、法人税と同様、長期割賦販売等に該当する資産の販売等についての延払基準の適用は廃止されましたが、リース譲渡については、従前どおり延払基準の適用ができます。

（解　説）
《企業会計》
（割賦販売の割賦基準の廃止）
(1)　収益認識基準では、「履行義務の充足」すなわち企業が約束した財又はサービス（資産）を顧客に移転することにより、履行義務を充足した時に収益を認識します。
　この場合の「履行義務を充足した時」は、履行義務が一定の期間にわたり充足されるものではない場合には、一時点で充足される履行義務として、資産に対する支配を顧客に移転することにより、その履行義務が充足される時に、一時に収益を認識することを意味しています

（基準39項、40項）。

　このような、「履行義務を充足した時」という一時点で収益を認識する、という考え方によれば、割賦販売における収益の計上基準である割賦基準の適用は認められないことになります。割賦基準は、割賦金の回収期限到来の日又は入金の日をもって売上を計上する方法であるからです（企業会計原則注解（注6））。

　割賦基準の廃止は、現行わが国の実務と大きく異なる可能性がありますが、国際的な比較可能性の確保の観点から、「代替的な取扱い」としても認められていません（指針182項）。

（リース取引と割賦基準）

(2)　なお、収益認識基準の適用範囲から「リース取引に関する会計基準」の範囲に含まれるリース取引は除外されています（基準3項(2)）。ファイナンス・リース取引については、従来どおりの処理ができます。

　そのファイナンス・リース取引の貸手の会計処理について、①リース取引開始日に売上高と売上原価を計上する方法と②リース料受取時に売上高と売上原価を計上する方法が認められています。これらの方法を採用する場合は、割賦販売取引において採用している方法との整合性を考慮し、いずれかの方法を選択すべきものとされています（日本公認会計士協会「リース取引に関する会計基準の適用指針」51項、61項）。この②の方法は、実質的に割賦基準と同様である、といえましょう。

《法人税》
（長期割賦販売等の延払基準の廃止）

(3)　法人税では、収益認識基準の取扱いに対応して、長期割賦販売等に該当する資産の販売若しくは譲渡、工事の請負又は役務の提供（資産の販売等）についての延払基準の適用は廃止されました（旧法法63）。

　従来から、商品の割賦販売は、商品の供給機能と金融機能の双方を果たしており、その供給機能だけを果たし金融機能は第三者に委ねている法人の収益の計上時期との間に不均衡が生じている、との指摘が

されていました。そこで、収益認識基準の導入を契機に、延払基準は廃止されたものです。

(延払基準の廃止と経過措置)

(4) ただし、長期割賦販売等に該当する資産の販売等にあっても、平成30年4月1日前に長期割賦販売等に該当する資産の販売等を行っていた場合には、平成35年3月31日までに開始する各事業年度（経過措置事業年度）においては、従前どおり、延払基準の適用ができます（平成30年改正法附則28）。

この延払基準は、確定した決算において延払基準の方法により経理しなければなりません（旧法法63①）。経過措置事業年度において延払基準の方法により経理しなかった場合には、未計上収益額及び未計上費用額は、益金の額又は損金の額の算入します（平成30年改正法附則28②）。

平成30年度の税制改正により、一般に公正妥当と認められる会計処理の基準（公正処理基準）を定めた、法人税法第22条第4項に「別段の定めがあるものを除き、」という文言が挿入されました。経過的であれ、延払基準の適用を認めることは、公正処理基準に対する、法人税の「別段の定め」ということができましょう。

(5) なお、今後は、リース譲渡（リース取引によるリース資産の引渡し）についてのみ延払基準の適用が認められます（法法63）。企業会計でも、リース取引については従来どおりの会計処理ができますから、リース譲渡についての延払基準の適用は、公正処理基準に対する「別段の定め」ではありません。

《消費税》

(6) 消費税にあっても、従来、長期割賦販売等につき法人税の延払基準を適用する場合には、支払期日の到来に応じて、資産の譲渡等があったものとする特例が認められていました（旧消法16）。平成30年度の税制改正により、法人税で延払基準が廃止されたことを受けて、消費税でも延払基準は廃止されました。

ただし、法人税と同様に、平成30年4月1日前に長期割賦販売等に

該当する資産の販売等を行った場合には、平成35年3月31日以前に開始する事業年度に含まれる課税期間（経過措置課税期間）においては、従前どおり、延払基準の適用ができます（平成30年改正法附則44①）。

　なお、今後は、法人税と同様、リース譲渡（リース取引によるリース資産の引渡し）についてのみ延払基準の適用が認められます（消法16）。

5-6　棚卸資産の販売収益の計上時期

Q 収益認識基準では、商品又は製品の販売収益の認識基準について、検収基準が原則であると思われますが、従来から実務で定着している出荷基準は認められないのでしょうか。
　税務では、どうでしょうか。

A　1　**収益認識基準**では、商品又は製品の販売収益の認識基準について、検収基準が原則ですが、国内取引に限って、出荷基準や着荷基準も認められます。
2　**法人税**では、棚卸資産の販売収益の計上基準につき出荷基準、船積基準、着荷基準、検収基準、使用収益開始基準等が認められ、継続適用を条件に合理的なものを選択適用します。
3　**消費税**でも、資産の譲渡等の時期について、法人税と同様の取扱いが認められています。

(解　説)
《企業会計》
(1)　収益認識基準では、「履行義務の充足」すなわち企業が約束した財又はサービス（資産）を顧客に移転することにより、履行義務を充足した時に収益を認識します（基準35項）。そこで、一時点で充足される履行義務については、資産に対する支配を顧客に移転することにより履行義務が充足される時に収益を認識します（基準39項、40項）。
　ここで「資産に対する支配」とは、その資産の使用を指図し、その資産からの残りの便益のほとんどを享受する能力をいいます（基準37項）。顧客による資産の検収は、顧客がその資産の支配を獲得したことを示す可能性があります（指針80項）。その場合、顧客に移転する資産が契約において合意された仕様に従っていると客観的に判断する

ことができない場合には、顧客が検収するまで、顧客はその資産に対する支配を獲得しません（指針82項）。

　これは、商品又は製品の棚卸資産の販売であれば、商品又は製品を顧客に引渡した時に収益を認識するということです。検収基準や使用収益開始基準などを予定している、といえましょう。

（国内取引の出荷基準や着荷基準の容認）

(2)　ただし、商品又は製品の国内販売において、出荷時からその商品又は製品の支配が顧客に移転される時（例えば顧客による検収時）までの期間が通常の期間である場合には、出荷時からその商品又は製品の支配が顧客に移転される時までの間の一時点（例えば、出荷時や着荷時）に収益を認識することができます（指針98項、Ｑ５−２参照）。

　この場合の「通常の期間」とは、その期間が国内における出荷及び配送に要する日数に照らして取引慣行ごとに合理的と考えられる日数をいいます（指針98項）。国内における配送においては、数日間程度の取引が多いものと考えられます（指針171項）。

　これは、国内取引に限って、原則的な取扱いである検収基準の「代替的な取扱い」として出荷基準や着荷基準も認める、ということです（指針171項）。

（出荷及び配送活動の履行義務の認識の要否）

(3)　なお、顧客が商品又は製品に対する支配を獲得した後に、企業が行う出荷及び配送活動については、原則として、履行義務として認識しなければなりません（基準32項）。

　ただし、実務におけるコストと便益を考慮し、商品又は製品を移転する約束を履行するための活動（指針4項）として処理し、履行義務として認識しないことができます（指針94項、167項）。

《法人税》

(4)　法人税では、資産の販売又は譲渡による収益の額は、原則として、その資産の販売又は譲渡に係る目的物の引渡しがあった日の属する事業年度に計上します（法法22の2①）。これは、収益認識基準と同様の考え方によるものといえましょう。

そこで、棚卸資産の引渡しがあった日については、例えば出荷した日、船積みをした日、相手方に着荷した日、相手方が検収した日、相手方において使用収益ができることとなった日などが認められています（法基通2－1－2）。法人は継続適用をする限り、棚卸資産の種類や性質、契約の内容等に応じて、これらの日のうち合理的なものを選択適用することができます。

これは、従来の考え方と同様のものですが、新たに「船積みをした日」と「相手方に着荷した日」が例示されています。収益認識基準において、出荷基準や着荷基準も検収基準の「代替的な取扱い」として認められていますので、法人税でもこれらが認められています。

しかし、出荷基準や着荷基準は、収益認識基準でも「代替的な取扱い」として容認されていますので、棚卸資産の引渡しがあった日に「近接する日」に収益計上するものではありません。その結果、出荷基準や着荷基準を申告調整により適用することはできません。

（棚卸資産たる土地等の引渡しの日の特例）

(5) なお、販売した棚卸資産が土地又は借地権等であり、その引渡しの日がいつであるか明らかでないときは、次に掲げる日のうちいずれか早い日にその引渡しがあったものとすることができます（法基通2－1－2）。

　イ　代金の相当部分（おおむね50％以上）を収受するに至った日
　ロ　所有権移転登記の申請（その登記申請に必要な書類の相手方への交付を含む。）をした日

これらの日も、棚卸資産の引渡しがあった日に「近接する日」としての位置づけにはなっていません。しかし、これらの日における収益計上が公正妥当な会計処理の基準に該当するかどうかは、議論があるように思われます（日本公認会計士協会「我が国の収益認識に関する研究報告（中間報告）－ＩＡＳ第18号「収益」に照らした考察－」参照）。

《消費税》

(6) 消費税では、納税義務の成立の時期の判定（通法15②七）や仮決算による中間申告又は確定申告（消法43、45）に当たって、資産の譲渡

等の時期が問題になります。

　そこで、棚卸資産の譲渡等にあっては、その譲渡を行った日は、その引渡しがあった日とします（消基通9－1－1）。

　そして、棚卸資産の「引渡しがあった日」については、例えば、出荷した日、相手方が検収した日、相手方において使用収益ができることとなった日、検針等により販売数量を確認した日などが認められています。これらの日のうちから、継続適用を条件として、棚卸資産の種類や性質、契約の内容等に応じて、合理的なものを選択適用することができます（消基通9－1－2）。

　これらの取扱いは、法人税のそれと同様のものです。棚卸資産たる土地等の引渡しの日の特例についても、法人税と同様の取扱いが認められます。ただ、消費税法基本通達では、「船積みをした日」と「相手方に着荷した日」は例示されていません。

　しかし、船積基準や着荷基準は公正妥当な会計処理の基準に該当するものですから、消費税だけその適用が認めない、ということではないものと考えます。

5-7　商品、製品の委託販売による収益の計上時期

Q 収益認識基準では、商品又は製品の委託販売による収益は、委託先である販売業者等が最終顧客に販売した時に認識することになっています。
　これは、税務においても同様でしょうか。何か収益認識基準とは違った特例があるでしょうか。

A 1　**収益認識基準**では、企業が委託販売をした場合、企業は商品又は製品を委託先である販売業者等に引き渡した時ではなく、販売業者等が最終顧客に販売した時に、その販売収益を認識します。

2　**法人税**では、委託販売による収益は、その委託品について受託者が販売した日に収益計上するのが原則ですが、その委託品についての売上計算書が売上の都度作成され送付されている場合には、継続適用を条件に、その売上計算書の到達した日において収益計上をすることができます。

3　**消費税**でも、法人税と同様、委託販売による棚卸資産の譲渡をした日は、その委託品について受託者が譲渡した日としますが、その委託品についての売上計算書が売上げの都度作成されている場合には、継続適用を条件に、その売上計算書の到達した日を棚卸資産の譲渡の日とすることができます。

（**解　説**）
《企業会計》
（委託販売であるかどうかの判定）
(1)　収益認識基準において、企業が商品又は製品を、最終顧客に販売するために、販売業者等に引き渡す場合には、その販売業者等がその時点でその商品又は製品の支配を獲得したかどうかを判定します。

その判定の結果、販売業者等がその商品又は製品の支配を獲得していない場合には、「委託販売契約」として販売業者等が商品又は製品を保有している可能性があります。つまり、その商品又は製品は、単に販売業者等が物理的に占有しているだけであって、販売業者等には帰属していない、ということです。したがって、その場合には、企業は販売業者等への商品又は製品の引渡時には収益を認識しません（指針75項）。

ここで、「商品又は製品の支配」とは、その商品又は製品の使用を指図し、その商品又は製品から残りの便益のほとんど全てを享受する能力をいいます（基準37項）。

（委託販売であることを示す指標）

(2)　この場合、その契約が「委託販売」であることを示す指標には、例えば、次のイからハまでがあります（指針76項）。

　イ　販売業者等が商品又は製品を顧客に販売するまで、あるいは所定の期間が満了するまで、企業が商品又は製品を支配していること

　ロ　企業が、商品又は製品の返還を要求すること、あるいは第三者に商品又は製品を販売することができること

　ハ　販売業者等が、商品又は製品の対価を支払う無条件の義務を有していないこと

　この指標に該当する場合には、販売業者等はその商品又は製品の支配を獲得したとはいえず、企業が依然として支配していることになります。この場合には、委託販売であるものとして、企業は商品又は製品を販売業者等に引き渡した時ではなく、販売業者等が最終顧客に販売した時に、その販売収益を認識することになります。これは、従来の考え方、処理方法と同様です。

《法人税》

(3)　法人税では、棚卸資産の委託販売による収益は、その委託品について受託者が販売した日の属する事業年度において計上します（法基通2-1-3）。これは、上記収益認識基準と同様の考え方です。

　ただし、その委託品についての売上計算書が売上の都度作成され送

付されている場合には、継続適用を条件に、その売上計算書の到達した日において収益計上をすることができます。この場合、その「到達した日」は、委託品の販売の日に「近接する日」に該当します（法基通2-1-3ただし書き）。これは、「仕切精算書到達日基準」ということができます。

　なお、受託者が週、旬、月を単位として一括して売上計算書を作成している場合においても、それが継続的であれば「売上の都度作成され送付されている場合」に該当します（法基通2-1-3（注））。

（仕切精算書到達日基準と公正処理基準の関係）

(4)　この仕切精算書到達日基準について、収益認識基準には定めがありません。そこで、仕切精算書到達日基準が一般に公正妥当と認められる会計処理の基準（公正処理基準）に該当するのかどうか、テストする必要があります（Q5-4参照）。

　仕切精算書到達日基準は、企業の便宜と重要性の観点から、従来から会計慣行として認められてきたものです。売上計算書が売上の都度作成され送付されてくること、継続適用することが要件となっており、人為的に収益の計上時期を操作する余地はない、といえます。したがって、仕切精算書到達日基準は、公正処理基準に該当するものと考えます。

　なお、法人税には、委託販売の意義や判断方法を定めたものはありません。取引慣行における意義や企業会計の処理を前提にしているものと考えられます。収益認識基準の委託販売であるかどうかの判断指標は、法人税でも参考にすべきものでしょう。

《消費税》
（委託販売による資産の譲渡等の時期）

(5)　消費税にあっても、委託販売による資産の譲渡等の時期が定められています（消基通9-1-3）。

　棚卸資産の委託販売に係る委託者における資産の譲渡等をした日は、その委託品について受託者が譲渡した日とします。

　ただし、その委託品についての売上計算書が売上げの都度作成され

ている場合には、継続適用を条件に、その売上計算書の到達した日を棚卸資産の譲渡の日とすることができます。この場合、受託者が週、旬、月を単位として一括して売上計算書を作成しているときは、「売上げの都度作成されている場合」に該当します。

　これらの取扱いは、法人税のそれと同じものです。

(委託販売による資産の譲渡対価の額)

(6)　次に、この委託販売が行われた場合、委託者の委託品の譲渡対価の額は、どうなるかという問題があります。

　この点、委託者にあっては、その受託者が委託品を譲渡したことに伴い収受し、又は収受すべき金額を資産の譲渡等の金額とするのが原則です。委託品の最終顧客への販売対価の額と委託者に支払う手数料は、両建て計上すべきである、ということです。

　ただし、その課税期間中に行った委託販売の全てについて適用することを条件に、その譲渡の金額から受託者に支払う手数料を控除した残額を資産の譲渡等の金額とすることができます（消基通10-1-12(1)）。この特例は、免税事業者の判定や課税売上割合の計算などに実効性があります。

　なお、受託者にあっては、委託者から受ける委託販売手数料が役務の提供の対価となりますが、委託品の販売対価を課税資産の譲渡等の金額とし、委託者に支払う金額を課税仕入れの金額とすることもできます（消基通10-1-12(2)）。

5-8 商品、製品の「請求済未出荷契約」による収益の計上時期

Q 収益認識基準では、商品又は製品の「請求済未出荷契約」について、顧客が商品又は製品の支配を獲得した時に収益として認識することになっています。
　これに対し、税務においては、その取扱いの定めがないように思われますが、収益認識基準とは違った取扱いをするのでしょうか。

A 1　**収益認識基準**では、請求済未出荷契約において、企業が販売した商品又は製品の物理的占有を保持しているとしても、顧客がその商品又は製品の支配を獲得した時に収益として認識します。
2　**法人税**には請求済未出荷契約に関する取扱いの明文の定めはありませんが、それは収益認識基準と違った処理をするということではなく、その実態に応じて処理するということであり、その実態判断をすれば、結果として収益認識基準と同様の処理になるものと考えます。
3　**消費税**にも、請求済未出荷契約に関する取扱いの明文の定めはなく、収益認識基準や法人税と同様の処理をすることになりますが、企業の商品又は製品の保管が、顧客に対する保管サービスとして独立した履行義務であると判断されても、原則として、その商品又は製品の売上金額の一部を保管料として処理することはできないものと考えます。

(解　説)
《企業会計》
(請求済未出荷契約の意義とその処理)
(1)　収益認識基準において、「請求済未出荷契約」とは、企業が商品又は製品について顧客に対価を請求したが、将来において顧客に移転するまで企業がその商品又は製品の物理的占有を保持する契約をいいま

す（指針77項）。その請求済未出荷契約は、例えば、顧客に商品又は製品の保管場所がない場合や顧客の生産スケジュールの遅延等の理由により締結されることがあります（指針159項）。

　その請求済未出荷契約が行われた場合、商品又は製品を移転する履行義務をいつ充足したかが問題となります。その判定に当たっては、顧客がその商品又は製品の支配をいつ獲得したかを考慮します（指針78項）。

　これは、商品又は製品の支配がいつ顧客に移転したかということであり、その支配の移転を検討する際には、例えば、次のイからホまでの指標を考慮します（基準40項）。

　イ　企業が顧客から対価を収受する権利を有していること
　ロ　顧客が商品又は製品に対する法的所有権を有していること
　ハ　企業が商品又は製品の物理的占有を移転したこと
　ニ　顧客が商品又は製品の所有に伴う重大なリスクを負い、経済価値を享受していること
　ホ　顧客が商品又は製品を検収したこと

（請求済未出荷契約の判定指標）

(2)　この商品又は製品の支配の移転の指標を検討したうえで、更に、次のイからニまでの要件の全てを満たす場合には、顧客が商品又は製品の支配を獲得したことになります（指針79項）。

　イ　請求済未出荷契約を締結した合理的な理由があること（例えば、顧客からの要望による契約の締結）
　ロ　その商品又は製品が、顧客に属するものとして区分して識別されていること
　ハ　その商品又は製品について、顧客に対して物理的に移転する準備が整っていること
　ニ　その商品又は製品を使用する能力あるいは他の顧客に振り向ける能力を企業が有していないこと

　このような要件を満たす場合には、その商品又は製品に対する支配を顧客が獲得していますから、一時点で充足される履行義務として、

顧客に支配を移転した時に収益を認識します（基準39項）。企業は、顧客がその商品又は製品の保管場所がないことなどの理由により、単に物理的占有の保持、すなわち自社の倉庫で預かっているに過ぎないということです。

（保管サービスの履行義務の判定）

(3) この場合、別途、その商品又は製品の保管が、顧客に対する保管サービスとして、取引価格の一部を配分すべき独立した履行義務であるかどうかを判断しなければなりません（指針160項）。その独立した履行義務として、例えば、保管期間が長期に及ぶ場合や特別に冷凍、冷蔵をする場合が考えられます。このような場合には、商品又は製品の販売価格は、そのサービスを加味したものとなるはずです。

　そのようにして、その保管サービスが独立した履行義務であると判断されれば、商品又は製品の売上金額の一部を保管料として処理します。その保管料は、期間の経過に応じて収益として認識します。

《法人税》

(4) 法人税には、「請求済未出荷契約」に関する取扱いを明文で定めたものはありません。それは、収益認識基準と違った処理をするということではなく、その実態に応じて処理する、ということです。

　法人税では、商品又は製品の販売による収益の額は、その商品又は製品を顧客に引き渡した日に計上します（法法22の2①）。その「引き渡した日」は、単に、顧客に商品又は製品を物理的に引き渡したことのみをいうものではありません。

　上記(1)の収益認識基準の指標を満たす事実がある場合には、企業がその商品又は製品の物理的占有を保持しているとしても、支配の移転すなわち法的な引渡しはあった、と評価してよいものと考えます。

(5) 加えて、上記(2)の収益認識基準に定める四つの要件を満たすような場合には、法人税でもその支配が顧客に移転した時に収益を計上すべきことになります。企業のその商品又は製品の物理的占有の保持は、単に顧客から預かっているに過ぎないということです。

　そのような意味で、法人税に請求済未出荷契約に関する取扱いがな

いとしても、収益認識基準と違った処理をするということではありません。実態判断をして、結果的には、収益認識基準と同様の処理を行うことになるものと考えます。

《消費税》

(6) 消費税にも、法人税と同様、「請求済未出荷契約」に関する明文の取扱いはありません。だからといって、収益認識基準や法人税の取扱いと全く別個の処理をするということではありません。

　消費税にあっても、資産の譲渡等の時期は、その実態に応じて判断すべきですから、収益認識基準や法人税における収益の計上時期と同じように、資産の譲渡等があったとして取り扱うべきものと考えます。

(7) この場合、請求済未出荷契約における企業の商品又は製品の保管が、顧客に対する保管サービスとして独立した履行義務であると判断されても、原則として、商品又は製品の売上金額の一部を保管料として処理することはできないものと考えます。消費税の課税資産等の課税標準は、課税資産の譲渡等の対価であり、その「対価の額」は、企業が現に対価として収受した金銭の額をいうからです（消法28）。

　ただし、その商品又は製品の売買契約において、保管期間が長期に及ぶため、あるいは特別に冷凍、冷蔵保存を要するため、その保管サービス料が明示されているような場合には、その保管サービスについては、保管期間の経過に応じて提供があったとしてよいものと考えます。

5-9 ガス、水道、電気販売の検針日基準による収益計上の可否

Q 収益認識基準では、ガス、水道、電気販売における検針日基準の適用は認められていません。

これに対し、税務では検針日基準の適用が認められていますが、収益認識基準で認められていない検針日基準が公正処理基準に該当するのでしょうか。

A 1 **収益認識基準**では、検針日基準の適用は、決算月の計量日から決算日までの収益の見積りの困難性の評価が十分に定まらず、「代替的な取扱い」の必要性の合意が形成されなかったため、今後の検討課題とされています。

2 **法人税**では、検針日をガス、水道、電気等の引渡しの日に「近接する日」と位置づけて、従来どおり検針日基準の適用の可能性を残していますが、公正処理基準に該当するのかどうか、議論があるかもしれません。

3 **消費税**にも、ガス、水道、電気等の販売時期の判定において検針日基準の適用が認められていますから、収益認識基準や法人税の考え方、取扱いのいかんにかかわらず、淡々とその適用をすればよいものと考えます。

(解　説)
《企業会計》
(1) 収益認識基準では、企業が約束した財又はサービス（資産）を顧客に移転することにより、履行義務を充足した一時点で、又は履行義務の充足につれて期間の経過に応じて、それぞれ収益を認識します（基準35項）。これは、商品又は製品の販売収益は、引渡基準により計上するということです。

5-9 ガス、水道、電気販売の検針日基準による収益計上の可否　141

　この引渡基準によれば、ガスや水道、電気の販売による収益は、その決算日までの使用量に基づく収益の額を認識すべきことになります。

　しかし、決算月の計量日から決算日までの使用量を見積もることは困難ですから、ガス事業や水道事業、電気事業の実務では、毎月、月末以外の日に実施する計量により確認した顧客の使用量に基づき収益計上を行う、「検針日基準」が採用されています。

　この検針日基準について、引渡基準の「代替的な取扱い」としての必要性につき検討がされました。しかし、決算月の計量日から決算日までの収益の見積りの困難性の評価が十分に定まらず、「代替的な取扱い」の必要性の合意が形成されなかったため、今後の検討課題とされています（指針188項、基準96項）。

《法人税》

(2)　法人税では、法人がガス、水道、電気等の販売をする場合において、週、旬、月を単位とする規則的な検針に基づき料金の算定が行われ、法人が継続してその検針が行われた日に収益計上を行っているときは、その検針が行われた日は、ガス、水道、電気等の引渡しの日に「近接する日」に該当するものとされています（法基通2-1-4）。

　これは、法人税では従来どおり「検針日基準」の適用を認めるということです。

（検針日基準と公正処理基準の関係）

(3)　ただ、「近接する日」における収益計上は、一般に公正妥当と認められる会計処理の基準（公正処理基準）に従う必要があります（法法22の2②③、Q5-4参照）。そこで、収益認識基準で認められていない検針日基準が公正処理基準に該当するのかどうか、議論があります。仮に、検針日基準は公正処理基準に該当しないというのであれば、いくら法人税で「近接する日」に該当するといっても、意味がありません。

　この点、収益認識基準で定められていないから、即公正処理基準に該当しない、ということにはならないものと考えます。収益認識基準

(4) 検針日基準はガス事業や水道事業、電気事業の実務では伝統的に長らく適用されてきた基準であり、定着しています。

また、検針日基準が収益認識基準で検討課題とされているのは、収益の見積りの困難性の評価が十分に定まらなかった、ということであり、その不合理性などによるものではありません。

法人が継続適用をする限り、利益操作等の余地はなく、課税上の弊害も極めて少ないといえましょう。したがって、法人税の課税上、検針日基準は公正処理基準に該当する、といってよいものと考えます。

ただし、企業会計上、決算月の計量日から決算日までの使用量を見積もって収益計上をしている場合に、法人税で検針日基準が認められるからといって、確定申告の際に決算月の計量日から決算日までの使用量に基づく収益を減算するようなことはできません。

そのようなことからすれば、法人税で検針日基準は公正処理基準に該当するといっても、中小企業は別として、大企業は検針日基準を適用することは事実上できないことになりましょう。

《消費税》

(5) 消費税において、棚卸資産の譲渡を行った日は、その引渡しのあった日とします(消基通9-1-1)。その「引渡しの日」の一つに「検針等により販売数量を確認した日」があります(消基通9-1-2)。これは、消費税にあっては、ガス、水道、電気等の販売時期の判定において、検針日基準の適用を認めるということです。

この場合、消費税においては、検針日基準の適用について、法人税のような、公正処理基準に従わなければならない、といった制約はありません。収益認識基準や法人税の考え方、取扱いのいかんにかかわらず、消費税は淡々と検針日基準の適用をすればよい、といえましょう。

〔固定資産の譲渡収益〕

5-10 固定資産の譲渡収益の計上時期

> **Q** 収益認識基準は、企業の通常の営業活動により生じたアウトプットではない固定資産の売却については、適用範囲に含まれません。そうしますと、その収益の認識時期はどう考えたらよいでしょうか。
> 一方、税務ではどうなっているのでしょうか。具体的に収益の計上時期が定められているのでしょうか。

A 1 収益認識基準は、企業の通常の営業活動により生じたアウトプットではない固定資産の売却については、適用範囲に含まれませんが、商品又は製品の販売と同じく、その固定資産を相手方に引き渡した時に収益を認識することになるものと考えます。

2 法人税では、固定資産の譲渡収益は、その引渡しがあった日に計上する「引渡基準」が原則ですが、「契約効力発生日基準」も認められます。

3 消費税では、法人税と全く同様であり、固定資産の譲渡のあった日は「引渡基準」が原則ですが、「契約効力発生日基準」も認められます。

(解　説)
《企業会計》
(固定資産の売却の適用除外)

(1) 収益認識基準は、顧客との契約から生じる収益に関する会計処理及び開示に適用されます(基準3項)。ここで「顧客」とは、対価と交換に企業の通常の営業活動により生じたアウトプットである財又はサービスを得るために当該企業と契約した当事者をいいます(基準6項)。

したがって、企業の通常の営業活動により生じたアウトプットではない固定資産の売却については、論点が異なり得るため、収益認識基準の適用範囲に含まれません（基準108項）。そのため、収益認識基準では、固定資産の売却に関する会計処理は定めていません。

固定資産の売却にあっては、収益認識基準の適用範囲ではありませんから、実現主義の原則に照らして、その固定資産を相手方に引き渡した時に収益を認識すべきことになるものと考えます。

（通常の営業活動により生じた不動産の売却）

(2)　一方、企業の通常の営業活動により生じたアウトプットとなる不動産の売却は、収益認識基準の適用範囲に含まれます（基準108項）。これは、棚卸資産である不動産の売却のことです。

ただし、その不動産の売却のうち、不動産流動化実務指針の対象となる不動産（不動産信託受益権を含む。）の会計処理は、収益認識基準の適用範囲に含まれません（基準108項、3項(6)、Q1-3参照）。

《法人税》

（固定資産の譲渡収益の計上時期）

(3)　法人税では、資産の譲渡による収益は、その目的物の引渡しの日において計上します（法法22の2①）。したがって、固定資産の譲渡に係る収益の額は、その引渡しがあった日の属する事業年度の益金の額に算入します（法基通2-1-14）。これは、引渡基準すなわち検収基準を表明したものといえましょう。

この場合、固定資産の「引渡しの日」がいつであるかについては、棚卸資産の引渡しの日の例に準じます。例えば、出荷した日、船積みをした日、相手方に着荷した日、相手方が検収した日、相手方において使用収益ができることとなった日などです（基本通達2-1-14(注)、Q5-6参照）。

ただし、その固定資産が土地、建物などである場合において、法人がその固定資産の譲渡契約の効力発生日において収益計上を行っているときは、その効力発生日を土地、建物等の引渡し日に「近接する日」に該当するものとして処理します（法基通2-1-14ただし書）。

これは、固定資産の譲渡収益について、従来どおりの収益計上を認めるということですが、契約の効力発生日を「近接する日」と位置づけています。「契約効力発生日基準」というべきものです。

（契約効力発生日基準と公正処理基準の関係）

(4) 法人税の「近接する日」における収益計上は、一般に公正妥当と認められる会計処理の基準（公正処理基準）に従う必要があります（法法22の2②③、Q5-4参照）。「契約効力発生日基準」について、実現主義の原則に照らした場合には、認められないという指摘もみられます（日本公認会計士協会「我が国の収益認識に関する研究報告（中間報告）」25参照）。

しかし、収益認識基準は、収益の認識基準を実現主義から「資産の支配の移転」へと転換しています。契約効力発生日基準は、法人税法第22条の2第2項において「契約の効力が生ずる日」として例示されており、また、伝統的に長くの間、実務では定着した基準ということができます。契約効力発生日基準は、公正処理基準に該当するものと考えます。

（農地の譲渡収益の計上時期）

(5) なお、農地の譲渡による収益についても、上記の取扱いに基づき計上時期を判定することになります。ただし、その譲渡契約が農地法上の許可を受けなければ効力を生じない場合には、その許可のあった日に収益計上をすることができます。「農地法上の許可日基準」というべきものであり、その許可の日を農地の引渡しの日に「近接する日」と位置づけています（法基通2-1-15）。

そもそも、農地の譲渡契約は農地法上の許可を受けなければ効力が生じないものですから（農地法3、5）、本来はその許可の日に収益計上すべきであると考えられます。「農地法上の許可日基準」は公正処理基準に該当するものと考えます。

《消費税》

(6) 消費税でも、固定資産の譲渡の時期について、法人税と全く同様の取扱いを明らかにしています。

すなわち、固定資産の引渡しがあった日をその譲渡の日とします。その場合の「引渡しがあった日」については、棚卸資産の引渡しの日の例によります。

　ただし、固定資産の譲渡契約の効力の発生する日を譲渡の日とすることもできます（消基通9-1-13）。これは、消費税でも「契約効力発生日基準」が認められる、ということです。しかし、法人税のように、公正処理基準のテストを行う必要はありません。

　また、農地の譲渡があった日についても、法人税と全く同様に取り扱われます。「農地法上の許可日基準」も認められています（消基通9-1-14）。

〔役務の提供収益〕

5-11 工事の請負収益に対する工事進行基準の適用の可否

> **Q** 収益認識基準の制定に伴い、「工事契約会計基準」、「工事契約適用指針」及び「ソフトウエア取引実務対応報告」は廃止されました。これは、今後、工事の請負収益などに適用されている、工事進行基準の適用は認めない、ということでしょうか。
> これに対応して、税務では工事進行基準は廃止されたのでしょうか。

A 1　**収益認識基準**の制定に伴い、「工事契約会計基準」、「工事契約適用指針」及び「ソフトウエア取引実務対応報告」は廃止されましたが、これは工事進行基準の考え方が廃止されたわけではなく、工事の請負については、一定の期間にわたり充足される履行義務として、その履行義務の充足に係る進捗度を見積り、その進捗度に基づき収益を一定の期間にわたり認識することができます。

2　**法人税**では、工事進行基準に関して改正は行われておらず、従来どおりの工事進行基準の適用ができます。

3　**消費税**でも、資産の譲渡等の時期について、法人税で工事進行基準を適用していれば、その収益の計上に応じて、譲渡があったものとすることができます。

（解　説）
《企業会計》
(1)　収益認識基準では、財又はサービス（資産）に対する支配を顧客に一定の期間にわたり移転することにより、その一定の期間にわたり履行義務が充足される場合には、その「履行義務の充足につれて」収益を認識します。すなわち、時間の経過に応じて収益を認識します。
　顧客との契約が次のイからハまでの要件のいずれかを満たす場合に

は、その「一定の期間にわたり履行義務が充足される場合」に該当します（基準38項）。

　イ　企業が顧客との契約における義務を履行するにつれて、顧客が便益を享受すること

　ロ　企業が顧客との契約における義務を履行することにつれて、資産が生じ、又は資産の価値が増加し、その資産が生じ、又は資産の価値が増加するにつれて、顧客がその資産を支配すること

　ハ　次の要件のいずれも満たすこと

　　①　企業が顧客との契約における義務を履行することにより、別の用途に転用することができない資産が生じること

　　②　企業が顧客との契約における義務の履行を完了した部分について、対価を収受する強制力のある権利を有していること

(2)　その一定の期間にわたり充足される履行義務については、その履行義務の充足に係る進捗度を見積り、その進捗度に基づき収益を一定の期間にわたり認識します（基準41〜45項、Q5-13、5-15参照）。

　これは、ビル建築や造船、ソフトウエア制作の請負などだけに適用される取扱いではありませんが、工事進行基準の考え方です。今後は、これらの請負などにあっては、この取扱いにより工事損益を会計処理していくことになります。

　そこで、「工事契約会計基準」、「工事契約適用指針」及び「ソフトウエア取引実務対応報告」は廃止されました（基準90項）。

《法人税》

(3)　上述したように、企業会計においては、「工事契約会計基準」、「工事契約適用指針」及び「ソフトウエア取引実務対応報告」は廃止されました。しかし、これはビル建築や造船、ソフトウエア制作の請負などの工事損益の認識基準である工事進行基準の考え方による会計処理まで廃止されたわけではありません。企業会計上は、今後も工事進行基準の考え方による会計処理が認められます。

　そこで、法人税においても、平成30年度の税制改正において、工事進行基準に関して改正は行われておらず、従来どおり、工事進行基準

の適用が認められます（法法64）。

（長期大規模工事の会計と税務の相違）

(4) ただ、法人税では、工事期間が1年以上、請負金額が10億円以上であるなど、所定の要件を満たす「長期大規模工事」については、形式的に工事進行基準が強制適用されます（法法64①、法令129）。

　これに対し、収益認識基準では、上記(1)のような場合に工事進行基準の適用が認められます。法人税では、工事進行基準の適用をする場合について、単に「工事（製造及びソフトウエアの開発を含む。）の請負をしたときは」というだけで、収益認識基準のような細かな要件はありません（法法64①②）。

　そのため、長期大規模工事であっても、企業会計では適用要件を満たさず、工事進行基準の適用ができない場合が考えられます。今後は、そのような事例が多くなるのではないか、とも想定されます。その場合には、申告調整が必要になってきます。

　なお、複数の工事契約を組み合わせて単一の履行義務として収益計上の単位とする場合には（法基通2－1－1(1)）、その単位により長期大規模工事に該当するかどうかを判定します（法基通2－4－14(注)）。

《消費税》

(5) 消費税でも、資産の譲渡等の時期について、工事進行基準の考え方が導入されています。すなわち、法人税で工事の請負損益の計上につき工事進行基準を適用している場合には、消費税でも工事進行基準の方法により資産の譲渡等があったものとすることができます。具体的には、請負の目的物のうち工事進行基準の方法により計算した収益の額に係る部分については、その収益が益金算入された各事業年度が含まれる課税期間において資産の譲渡等があったものとします（消法17①②）。

　この場合、消費税において工事進行基準を適用するためには、法人税でその適用をしていることが必要です。法人税で工事進行基準を適用していないのに、消費税だけでその適用することはできません。

　逆に、法人税で工事進行基準を適用したとしても、消費税ではその

適用をしないことができます。これは、法人税で工事進行基準が強制適用される長期大規模工事であっても同様です（消基通9-4-1）。

5-12 一定の期間にわたる役務提供の収益の計上時期

> **Q** 収益認識基準では、企業の一定の期間にわたるサービス提供の要件とその収益の認識時期が詳細に定められています。
> 法人税においても、収益認識基準と同じような定めがあります。両者は、同一であると考えてよいでしょうか。

A
1　**収益認識基準**では、サービスの提供のうち、所定の要件に該当する一定の期間にわたり履行義務が充足されるものについては、その履行義務の充足につれて収益を認識します。
2　**法人税**でも、役務の提供のうち、その履行義務が一定の期間にわたり充足されるものについては、その履行に着手した日から引渡し等の日までの期間において、履行義務の充足につれて収益計上を行いますが、これは収益認識基準と同様の考え方によるものです。
3　**消費税**では、「履行義務が一定の期間にわたり充足されるもの」といった観点からの、資産の譲渡等の時期を定めた取扱いはありませんが、請負による資産の譲渡等の時期は、①物の引渡しを要する請負契約にあっては、その目的物の全部を完成して相手方に引き渡した日、②物の引渡しを要しない請負契約にあっては、その約した役務の全部を完了した日とします。

(解　説)
《企業会計》
(一定の期間にわたり充足される履行義務)
(1)　収益認識基準では、企業は約束した財又はサービス（資産）に対する支配を顧客に一定の期間にわたり移転することにより、その一定の期間にわたり履行義務が充足される場合には、その「履行義務の充足につれて」収益を認識します（基準38項、41項～45項）。ここで「資産

に対する支配」とは、その資産の使用を指図し、その資産からの残りの便益のほとんどを享受する能力をいいます（基準37項）。

　これは、企業のサービスすなわち役務の提供による収益であれば、期間の経過に応じて収益を認識するという、収益の認識基準を示したものです。

(2)　財又はサービスは、瞬時であるとしても、受け取って使用する時点では資産です。その資産からの便益を顧客に移転した時に収益を認識します。その「資産からの便益」とは、例えば、次の方法により直接的又は間接的に獲得できる潜在的なキャッシュ・フロー（インフロー又はアウトフローの節減）をいいます（基準133項）。

　　イ　財の製造又はサービスの提供のための資産の使用
　　ロ　他の資産の価値を増大させるための資産の使用
　　ハ　負債の決済又は費用の低減のための資産の使用
　　ニ　資産の売却又は交換
　　ホ　借入金の担保とするための資産の差入れ
　　ヘ　資産の保有

（一定の期間にわたる役務提供の要件）

(3)　そこで、顧客との契約が次のイからハまでの要件のいずれかを満たす場合に、一定の期間にわたり履行義務が充足されるものに該当します（基準38項）。

　　イ　企業が顧客との契約における義務を履行するにつれて、顧客が便益を享受すること

　　　——多くのサービス契約では、サービスから生じる資産（基準133項参照）を顧客が受け取るのと同時に消費しており、企業の履行により生じた資産は瞬時にしか存在しません。これは、そのサービス契約において、企業が顧客との契約における義務を履行するにつれて、顧客が便益を享受することを意味しています（基準134項）。

　　　——この要件は、企業の履行によって顧客が便益を直ちに享受する契約を予定しており、企業の履行によって仕掛品等の資産が生じ、又は資産の価値が増加する契約については、次のロ又はハの要

件を満たすかどうかを判定します（基準135項）。
ロ　企業が顧客との契約における義務を履行することにより、資産が生じ、又は資産の価値が増加し、その資産が生じ、又は資産の価値が増加するにつれて、顧客がその資産を支配すること

　　——この要件を満たすかどうかの判定に当たっては、「資産に対する支配」の移転の有無を考慮します。企業が義務を履行することによって生じる資産又は価値が増加する資産は有形、無形いずれの場合もあります。例えば、顧客の土地の上に建設を行う工事契約の場合は、通常、顧客は企業の履行から生じる仕掛品を支配する、といわれています（基準136項）。

ハ　次の要件のいずれも満たすこと
　①　企業が顧客との契約における義務を履行することにより、別の用途に転用することができない資産が生じること

　　——資産を別の用途に転用することができない場合とは、(a)企業が履行するにつれて生じる資産又は価値の増加する資産を別の用途に容易に使用することが契約上制限されている場合、あるいは(b)完成した資産を別の用途に容易に使用することが実務上制約されている場合をいいます（指針10項）。

　②　企業が顧客との契約における義務の履行を完了した部分について、対価を収受する強制力のある権利を有していること

　　——「対価を収受する強制力のある権利を有する場合」とは、契約期間にわたり、企業が履行しなかったこと以外の理由で契約が解除される際に、少なくとも履行を完了した部分についての補償を受ける権利を有している場合をいいます（指針11項）。この要件は、一部の資産については上記イ又はロの要件を満たすことが困難な場合があるため定められたものです（基準137項）。企業が義務を履行することにより、別の用途に転用することができない資産が生じることのみでは、顧客が資産を支配していると判断するのに十分でないため、②の要件が追加されています（基準138項）。

《法人税》

(4) 法人税では、役務の提供による収益は、その役務の提供の日に計上します（法法22の2①）。そこで、役務の提供（工事進行基準の適用を受けるものを除き、収益認識基準の適用対象となる取引に限る。）のうち、その履行義務が一定の期間にわたり充足されるものについては、その履行に着手した日から引渡し等の日までの期間において履行義務が充足されていくそれぞれの日が役務の提供の日（法法22の2①）に該当し、そのそれぞれの日に収益計上を行います。期間の経過に応じて、収益の計上をするということです。

　ここで「引渡し等の日」とは、①物の引渡しを要する取引にあっては、その目的物の全部を完成して相手方に引き渡した日を、②物の引渡しを要しない取引にあっては、その約した役務の全部を完了した日を、それぞれいいます（法基通2-1-21の2）。

（一定の期間にわたる役務提供の要件）

(5) この場合、法人の行う取引が次のいずれかの要件を満たすものは、「履行義務が一定の期間にわたり充足されるもの」に該当します（法基通2-1-21の4）。

　イ　取引における義務を履行するにつれて、相手方が便益を享受すること。

　　——例えば、清掃請負、警備請負、運送請負です。

　ロ　取引における義務を履行することにより、資産が生じ、又は資産の価値が増加し、その資産が生じ、又は資産の価値が増加するにつれて、相手方がその資産を支配すること。

　　——「資産を支配すること」とは、その資産の使用を指図し、その資産からの残りの便益のほとんどを享受する能力を有することをいいます。

　　——例えば、顧客所有土地上のビル建築請負（基準136項）、顧客所有システムの拡張請負です。

　ハ　次の要件のいずれも満たすこと。

　　①　取引における義務を履行することにより、別の用途に転用する

ことができない資産が生じること。
② 取引における義務の履行を完了した部分について、対価を収受する強制力のある権利を有していること。
——例えば、ビル建築請負、造船請負、ソフトウエア制作請負、コンサルティング請負です。

これは、収益認識基準と全く同じ取扱いです。上記(3)のとおり、収益認識基準では、ある程度詳細に取扱いの趣旨や判断ポイントが示されていますから、法人税でも参照すべきでしょう。

なお、ライセンス期間にわたり存続する知的財産にアクセスする権利を供与する場合には、履行義務が一定の期間にわたり充足されるものとして、ライセンス期間の経過に応じて収益計上を行います（法基通2-1-30(1)）。

《消費税》
(6) 消費税にあっては、収益認識基準の制定や法人税の改正に対応した改正は行われていません。そのため、「履行義務が一定の期間にわたり充足されるもの」といった観点からの、資産の譲渡等の時期を定めたものはありません。

消費税では、請負による資産の譲渡等の時期は、①物の引渡しを要する請負契約にあっては、その目的物の全部を完成して相手方に引き渡した日、②物の引渡しを要しない請負契約にあっては、その約した役務の全部を完了した日とします（消基通9-1-5）。

請負契約の内容が建設、造船等の建設工事である場合には、その引渡しの日がいつであるかは、例えば、作業を結了した日、相手方の受入場所へ搬入した日、相手方が検収した日、相手方が使用収益ができることとなった日等、その建設工事の種類、性質、内容等に応じて合理的であると認められる日を継続適用します（消基通9-1-6）。

5-13　一定の期間にわたる役務提供の収益の額の算定方法

Q 収益認識基準では、企業は顧客との約束における履行義務が一定の期間にわたり充足される場合には、その履行義務充足の進捗度を見積り、その進捗度に応じて各事業年度に収益を認識することになっています。
　この点は、税務においても同じでしょうか。

A 1　**収益認識基準**では、一定の期間にわたり履行義務が充足される場合には、履行義務の充足に係る進捗度を見積り、その進捗度に基づき収益の額を算定します。
2　**法人税**でも、収益認識基準と同様、一定の期間にわたり履行義務が充足される場合には、履行義務の充足に係る進捗度を見積り、その進捗度に基づき収益の額を算定します。
3　**消費税**では、収益認識基準や法人税のような、「履行義務が一定の期間にわたり充足される場合」といった観点からの取扱いはありませんが、資産の譲渡等の対価の額は、法人税で工事進行基準を適用した場合の収益の額相当額とすることができます。

(解　説)
《企業会計》
(1)　収益認識基準では、企業は約束した財又はサービスに対する支配を顧客に一定の期間にわたり移転することにより、その一定の期間にわたり履行義務が充足される場合には、その「履行義務の充足につれて」収益を認識します（基準38項）。
　この一定の期間にわたり履行義務が充足される場合には、履行義務の充足に係る進捗度を見積り、その進捗度に基づき算定した収益の額を、その一定の期間にわたり認識することになります（基準41項～45

項)。

　そこで、その「進捗度の見積り」が問題になりますが、その見積方法には、アウトプット法とインプット法があり、いずれの方法によるかは、財又はサービスの性質を考慮します（指針15項）。

(進捗度の見積方法－アウトプット法)

(2) ここで「アウトプット法」とは、現在までに移転した財又はサービスの顧客にとっての価値を直接的に見積るものであり、現在までに移転した財又はサービスと契約において約束した残りの財又はサービスとの比率に基づき収益を認識します。

　この方法に使用される指標には、現在までに履行を完了した部分の調査、達成した成果の評価、達成したマイルストーン、経過期間、生産単位数、引渡単位数等があります（指針17項）。

　例えば、生産単位数又は引渡単位数に基づくアウトプット法において、企業の履行により顧客が支配する仕掛品又は製品が決算日に生産されているが、その仕掛品又は製品がアウトプットの見積りに含まれていない場合には、企業の履行を忠実に描写しているとはいえません（指針18項）。

　なお、提供したサービスの時間に基づき固定額を請求する契約等、現在までに企業の履行が完了した部分に対する顧客にとっての価値に直接対応する対価の額を受け取る権利を有している場合には、その請求する権利の金額で収益を認識することができます（指針19項）。

(進捗度の見積方法－インプット法)

(3) 一方、「インプット法」は、履行義務の充足に使用されたインプットが契約における取引開始日から履行義務が完全に充足されるまでに予想されるインプット合計に占める割合に基づき、収益を認識するものです。

　この方法に使用される指標には、消費した資源、発生した労働時間、発生したコスト、経過期間、機械使用時間等があります。企業のインプットが履行期間を通じて均等に費消される場合には、結果として収益を定額で認識することが適切です（指針20項）。

なお、コストに基づくインプット法を使用するに当たっては、次のイ又はロの状況において、進捗度の見積りを修正するかどうかを判断します（指針22項）。

イ　発生したコストが、履行義務の充足に係る進捗度に寄与しない場合―――例えば、著しく非効率な履行に起因してコストが発生した場合

ロ　発生したコストが、履行義務の充足に係る進捗度に比例しない場合―――例えば、取引開始日の状況により、インプット法に使用される財のコストで収益を認識することが適切である場合

（原価回収基準の特例の適用等）

(4)　以上に述べたように、一定の期間にわたり履行義務が充足される場合、その収益を認識するために、アウトプット法又はインプット法により履行義務の充足に係る進捗度を合理的に見積ります。この進捗度の合理的な見積りができる場合にのみ、進捗度に基づく収益を認識します（基準44項）。進捗度の合理的な見積りができない場合には、履行義務が完全に充足された時に、一時に収益を認識します。

　そこで、その進捗度を合理的に見積ることはできないが、その履行義務を充足する際に発生する費用を回収することが見込まれる場合には、進捗度を合理的に見積ることができる時まで、原価回収基準により処理することができます（基準45項）。その「原価回収基準」とは、履行義務を充足する際に発生する費用のうち、回収することが見込まれる費用の金額で収益を認識する方法をいいます（基準15項）。

　その進捗度を合理的に見積ることができない場合とは、進捗度を適切に見積るための信頼性のある情報が不足している場合をいいます（基準139項）。

　また、契約の初期段階において、進捗度を合理的に見積ることができない場合には、その契約の初期段階に収益を認識せず、進捗度を合理的に見積ることができる時から収益を認識することができます（指針99項、Q5-2参照）。

《法人税》

(5) 法人税でも、顧客との約束における「履行義務が一定の期間にわたり充足される場合」には、履行義務の充足に係る進捗度に応じて収益の計上ができます。

すなわち、その履行に着手した事業年度から目的物の引渡し等の事業年度の前事業年度までの各事業年度の益金算入すべき収益の額は、提供する役務の対価の額に各事業年度終了時における進捗度を乗じて計算した金額から、その事業年度前の各事業年度に収益計上された金額を控除した金額とします（法基通2－1-21の5）。

（履行義務の充足に係る進捗度の意義）

(6) ここで「履行義務の充足に係る進捗度」とは、役務の提供に係る原価の額の合計額のうちに、その役務の提供のために既に要した原材料費、労務費その他の経費の額の合計額の占める割合その他の履行義務の進捗の度合を示すものとして合理的なものに基づいて計算した割合をいいます。この場合、原材料費、労務費その他の経費の額のうちに、履行義務の充足に係る進捗度に寄与しないもの又は比例しないものがあるときは、その金額は進捗度の見積りに反映させないことができます（法基通2－1-21の6）。

これは、工事進行基準において各事業年度に計上する収益の額の計算方法と同様の考え方によるものです。原価の額の発生割合で進捗度を測る方法は、収益認識基準でいう「インプット法」である、ということができます。

もちろん、原価の発生割合によるインプット法だけでなく、合理的なものであれば、他の指標によるインプット法も認められます。また、アウトプット法も適用の余地があります。例えば、清掃サービスのように、日常的又は反復的なサービスの場合には、契約期間のうち当期末までに経過した期間の割合は合理的な進捗割合といえましょう（法基通2－1-21の6（注）1）。

以上の取扱いは、履行義務の充足に係る進捗度を合理的に見積もることができる場合に限って適用します（法基通2－1-21の5（注）1）。

その進捗度を合理的に見積ることができない場合の、収益計上の見合せなどの処理については、上述した収益認識基準と全く同様の処理が認められます（法基通2－1－21の5（注）2、3）。

《消費税》

(7)　消費税では、収益認識基準や法人税のような、「履行義務が一定の期間にわたり充足される場合」といった観点からの、資産の譲渡等の対価に関する一般的な取扱いの定めはありません。

　しかし、一定の期間にわたる役務提供の収益の額の算定方法の考え方が、消費税にないわけではありません。すなわち、資産の譲渡等の対価の額は、法人税で工事進行基準を適用した場合の収益の額相当額とすることができます（消法17）。工事進行基準は、工事の進捗度を見積もって収益計上を行う方法です。

5-14　一時点での役務提供の収益の計上時期

> **Q** 収益認識基準では、顧客との契約における履行義務が一定の期間にわたり充足されるものではない場合には、「一時点で充足される履行義務」として、財又はサービスに対する支配を顧客に移転する一時点で収益を認識することになっています。
> 　税務においても、一時点で充足される履行義務といった観点からの取扱いがあるのでしょうか。

A
1　**収益認識基準**では、顧客に対するサービスの提供のうち、一時点で履行義務が充足されるものについては、サービスに対する支配を顧客に移転する時に一時に収益を認識します。
2　**法人税**でも、役務の提供のうち履行義務が一時点で充足されるものは、目的物の引渡し等の日が役務の提供の日に該当し、その引渡し等の日に収益を計上します。
3　**消費税**には、「履行義務が一時点で充足されるもの」といった観点からの、役務の提供の時期を一般的に定めたものはありませんが、工業所有権等に実施権を設定した場合には、その設定契約の効力発生日に行われた、とする取扱いなどは、履行義務が一時点で充足されるもの、という考え方といえるでしょう。

(解　説)
《企業会計》
(一時点で充足される履行義務)
(1)　収益認識基準において、企業の顧客との契約が次の要件のいずれも満たさず、履行義務が一定の期間にわたり充足されるものではない場合には、「一時点で充足される履行義務」として、財又はサービス(資産)に対する支配を顧客に移転する時に、一時に収益を認識しま

す（基準39項）。
　イ　企業が顧客との契約における義務を履行するにつれて、顧客が便益を享受すること
　ロ　企業が顧客との契約における義務を履行することにより、資産が生じ、又は資産の価値が増加し、その資産が生じ、又は資産の価値が増加するにつれて、顧客がその資産を支配すること
　ハ　次の要件のいずれも満たすこと
　　①　企業が顧客との契約における義務を履行することにより、別の用途に転用することができない資産が生じること
　　②　企業が顧客との契約における義務の履行を完了した部分について、対価を収受する強制力のある権利を有していること
　上記の要件は、「一定の期間にわたり充足される履行義務」のものですから（Q5-12参照）、これに該当しないものは、「一時点で充足される履行義務」に該当するというわけです。
　その一時点で履行義務が充足される資産の販売等は、その引渡しの時に一時に収益を認識する、ということです。

（資産に対する支配を顧客に移転した時点の判定）

(2)　そこで、「資産に対する支配を顧客に移転した時点」はいつであるかが問題になってきます。その時点を決定するに当たっては、「資産に対する支配」すなわちその資産の使用を指図し、その資産からの残りの便益のほとんど全てを享受する能力（基準37項）を考慮します。また、支配の移転を検討する際には、例えば次のイからホまでの指標を考慮しなければなりません（基準40項、指針14項）。
　イ　企業が顧客に提供した資産に関する対価を収受する現在の権利を有していること
　　　――顧客が対価を支払う現在の義務を負っている場合には、資産に対する支配をしていることを示す可能性があります。
　ロ　顧客が資産に対する法的所有権を有していること
　　　――顧客が資産に対する法的所有権を有している場合には、顧客が資産に対する支配をし、又は他の企業が便益を享受することを制

限する能力を有している可能性があり、顧客が資産に対する支配を獲得している可能性があります。
　ハ　企業が資産の物理的占有を移転したこと
　　――顧客が資産を物理的に専有する場合には、顧客が資産に対する支配をし、又は他の企業が便益を享受することを制限する能力を有している可能性があります。
　ニ　顧客が資産の所有に伴う重大なリスクを負い、経済価値を享受していること
　　――資産の所有に伴う重大なリスクと経済価値を顧客に移転する場合には、顧客が資産に対する支配を獲得することを示す可能性があります。
　ホ　顧客が資産を検収したこと
　　――顧客が資産を検収した場合には、顧客が資産に対する支配を獲得したことを示す可能性があります。

《法人税》

(3)　法人税では、役務の提供のうち履行義務が一定の期間にわたり充足されるもの以外のもの、すなわち「履行義務が一時点で充足されるもの」については、その引渡し等の日が役務の提供の日（法法22の2①）に該当し、その収益の額は、引渡し等の日に計上します（法基通2-1-21の3）。

　この「履行義務が一定の期間にわたり充足されるもの」は、上記(1)の収益認識基準の要件と同じです（法基通2-1-21の4、Q5-12）。この要件を満たさないものが、「履行義務が一時点で充足されるもの」に該当します。

　これは、収益認識基準の考え方と同様です。ここでは「役務の提供」だけしか言っていませんが、それは棚卸資産や固定資産、無形資産の譲渡などについては、別途、それぞれ定めが置かれているからです（法基通2-1-2、2-1-14、2-1-16等）。これらの譲渡は、履行義務が一時点で充足されるものに該当します。

　ここで、「引渡し等の日」は、①物の引渡しを要する取引にあって

は、その目的物の全部を完成して相手方に引渡した日、②物の引渡しを要しない取引にあっては、その約した役務の全部を完了した日をいいます（法基通2-1-21の2）。工事契約であれば①の日が、その他の役務の提供であれば、②の日が引渡しの日ということになります。

(履行義務が一時点で充足されるものの例)

(4) この「履行義務が一時点で充足される役務の提供」とは、例えば、宅地造成の請負で、全部の造成が完了しなければ、既に完了した部分の対価は請求できないような場合が考えられます。義務の履行を完了した部分について、対価を収受する強制力のある権利を有していないからです（法基通2-1-21の4(3)ロ参照）。

また、企業は、その供与される時点で存在する知的ライセンスを使用する権利を供与するような場合があります。この場合には、履行義務が一時点で充足されるものとして、その引渡し等の日、すなわち使用許諾をした日に収益計上をすべきことになります（法基通2-1-30(2)）。

《消費税》

(5) 消費税には、収益認識基準や法人税のような、「履行義務が一時点で充足される場合」といった観点からの、資産の譲渡等の時期を一般的に定めたものはありません。

しかし、例えば、工業所有権等に実施権を設定した場合には、その設定契約の効力発生日に行われた、とする取扱いがあります（消基通9-1-15）。これは、法人税の上記(4)の知的ライセンスを使用する権利を供与する場合には、履行義務が一時点で充足されるものとして処理する考え方と同様のものといえます。

そのような意味では、消費税にあっても、履行義務が一時点で充足されれば、その時点で資産の譲渡等があったとする思想は流れているといえましょう。役務の提供に係る履行義務が充足されたときに、資産の譲渡等があったものとします。

5-15 建設請負等に係る収益の計上時期

> **Q** 収益認識基準では、請負が所定の要件を満たせば、一定の期間にわたり履行義務が充足されるものとして、その一定の期間にわたる履行義務の充足につれて収益を認識します。
> これは、税務にあっても、同様でしょうか。

A
1 **収益認識基準**では、請負が所定の要件を満たせば、一定の期間にわたり履行義務が充足されるものとして、その一定の期間にわたる履行義務の充足につれて収益を認識します。
2 **法人税**では、請負による収益は、工事完成基準により計上するのが原則ですが、所定の要件を満たす場合には、工事進行基準の考え方による収益計上ができます。
3 **消費税**でも、請負による資産の譲渡等の時期は、工事完成基準によるのが原則ですが、法人税で工事進行基準を適用する場合には、工事進行基準により資産の譲渡等の時期とすることができます。

(解　説)
《企業会計》
(1) 収益認識基準では、企業の顧客との契約が、次のイからハまでの要件のいずれかを満たす場合、財又はサービス（資産）に対する支配を顧客に一定の期間にわたり移転することにより、その一定の期間にわたり履行義務が充足され、その充足につれて収益を認識します（基準38項）。
　イ　企業が顧客との契約における義務を履行するにつれて、顧客が便益を享受すること
　ロ　企業が顧客との契約における義務を履行することにより、資産が生じ、又は資産の価値が増加し、その資産が生じ、又は資産の価値

が増加するにつれて、顧客がその資産を支配すること
ハ　次の要件のいずれも満たすこと
　①　企業が顧客との契約における義務を履行することにより、別の用途に転用することができない資産が生じること
　②　企業が顧客との契約における義務の履行を完了した部分について、対価を収受する強制力のある権利を有していること

　このロ又はハは、ビルの建築請負や造船請負などを予定しています（Q5-12参照）。

（工事契約に対する適用）

(2)　仕事の完成に対して対価が支払われる請負契約のうち、土木、建築、造船や一定の機械装置等の製造等、基本的な仕様や作業内容を顧客の指図に基づいて行うものを「工事契約」といいます（基準13項）。この工事契約については、工事の進捗度を見積もって、その進捗度に基づき各事業年度に認識すべき収益の額を算定します（基準41項）。

　これは工事進行基準の考え方ですが、資産に対する支配の移転時に収益を認識するという考え方と相容れず、整合性が図れないのではないか、という懸念もあるようです。しかし、工事契約についても、一定の期間にわたり充足される履行義務の枠組みの下で具体的な適用が整理されています（基準152項）。

（工事損失引当金の設定）

(3)　なお、工事契約について、工事原価総額（工事原価総額と販売直接経費の見積額）が工事収益収益総額を超過する可能性が高く、かつ、その金額を合理的に見積もることができる場合には、その超過すると見込まれる額（工事損失）のうち、その工事契約に関して既に計上された損益の額を控除した残額を、工事損失が見込まれた期の損失として処理し、工事損失引当金を計上します（指針90、〔設例30〕）。これは、受注制作のソフトウエアについても、同様です（指針91項）。

　この場合の工事損失引当金の認識の単位は、「工事契約会計基準」と同様に、工事契約の収益認識の単位と同一です（指針162項、163項）。

《法人税》
（工事完成基準の原則）
⑷　法人税では、請負（工事進行基準の適用を受けるものを除く。）については、基本通達2－1－21の2（履行義務が一定の期間にわたり充足されるものに係る収益の帰属の時期）及び基本通達2－1－21の3（履行義務が一時点で充足されるものに係る収益の帰属の時期）の取扱いにかかわらず、その目的物の引渡しの日が役務の提供の日に該当し、その収益の額は、原則としてその引渡しの日に計上します（法基通2－1－21の7）。

　　ここで、請負契約が建設工事等である場合、その建設工事等の「引渡しの日」については、例えば、作業を結了した日、相手方の受入場所へ搬入した日、相手方が検収を完了した日、相手方において使用収益ができることとなった日などが認められます。その建設工事等の種類及び性質、契約の内容等に応じその引渡しの日として合理的なものを選択し、継続適用すれば差し支えありません（法基通2－1－21の8）。

　　この原則は、法人税法において、役務の提供については、その提供の日が収益の計上時期であると規定されていることによるものです（法法22の2①）。いわば「工事完成基準」というべきものです。

（工事進行基準の適用）
⑸　ただし、その請負が次のいずれかの要件を満たす場合には、その請負による履行義務が充足されていく、それぞれの日の属する事業年度において、履行義務の充足に係る進捗度に基づき算定される収益の額を計上することができます（法基通2－1－21の7、2－1－21の4、2－1－21の5、Q5－12、5－13参照）。

　　具体的には、その事業年度において引き渡した建設工事等の量又は完成した部分に対応する工事代金の額を益金の額に算入します（法基通2－1－21の7（注）2）。これは、工事進行基準の考え方による処理を認める、ということです。

　イ　取引における義務を履行するにつれて、相手方が便益を享受すること。

ロ　取引における義務を履行することにより、資産が生じ、又は資産の価値が増加し、その資産が生じ、又は資産の価値が増加するにつれて、相手方がその資産を支配すること。

　ハ　次の要件のいずれも満たすこと。

　　①　取引における義務を履行することにより、別の用途に転用することができない資産が生じること。

　　②　取引における義務の履行を完了した部分について、対価を収受する強制力のある権利を有していること。

　これは、上記(1)の収益認識基準の要件と全く一緒です。

（工事損失引当金の可否）

(6)　なお、法人税では引当金は、原則として、中小企業者等に対する貸倒引当金を除き、その設定は認められていません。したがって、収益認識基準のような、工事損失引当金の損金算入はできません（法基通2-4-19参照）。

　一方、企業会計において、工事損失引当金を設定した場合、法人税で認められている工事進行基準の適用関係はどうなるか、という問題が生じます。すなわち、工事進行基準は、工事の進行割合に応じて収益の額及び費用の額を計上する方法ですから（法法64②、法令129③）、工事損失引当金を計上した場合、工事進行基準の方法により経理しなかったことになり、工事進行基準の適用はできないのではないか、ということです。

　この点、工事損失引当金の計上をしたことをもって、工事進行基準の方法により経理しなかったことにはならない、と取り扱って差し支えありません。この場合、工事損失引当金相当額を、その工事請負の費用の額とすることはできません（法基通2-4-19）。その後も、法人税法に則って、淡々と工事進行基準を適用すればよいことになります。

《消費税》

(7)　消費税にも、請負による資産の譲渡等の時期に関する定めがあります。すなわち、請負による資産の譲渡等の時期は、①物の引渡しを要

する請負契約にあっては、その目的物の全部を完成して相手方に引渡した日、②物の引渡しを要しない請負契約にあっては、その約した役務の全部を完了した日とします（消基通9－1－5）。

　請負契約の内容が建設、造船などの工事（建設工事等）である場合、その「引渡しの日」については、例えば、作業を結了した日、相手方の受入場所へ搬入した日、相手方が検収を完了した日、相手方において使用収益ができることになった日などが認められます。その建設工事等の種類及び性質、契約の内容等に応じその引渡しの日として合理的なものを選択し、継続適用すれば差し支えありません（消基通9－1－6）。

　これらの取扱いは、法人税の工事完成基準の考え方と全く同様のものです。

(8)　また、消費税にあっても、資産の譲渡等の時期を工事進行基準の方法で処理することができます。

　すなわち、法人税において工事の請負損益につき工事進行基準を適用している場合には、消費税でも工事進行基準により資産の譲渡等があったものとすることができます（消法17①②）。

　ただし、これはあくまでも消費税法で規定された要件を満たす工事進行基準を適用する場合の取扱いです。例えば、上記(1)又は(5)の収益認識基準又は法人税の要件を満たす請負契約であっても、消費税法で規定する要件を満たさなければ、工事進行基準の考え方による処理はできないものと考えます。

5-16 運送業における航海完了基準の適用の可否等

> **Q** 収益認識基準では、船舶による運送サービスの収益認識について、一航海の期間が通常の期間である場合には、航海完了基準の適用が認められています。
> 税務においても、航海完了基準の適用が認められているのでしょうか。その要件は収益認識基準と同じでしょうか。

A 1 **収益認識基準**では、船舶による運送サービスの収益認識基準について、一航海の船舶が発港地を出発してから寄港地に到着するまでの期間が通常の期間である場合には、航海完了基準の適用が認められます。

2 **法人税**では、運送業における、一の航海に通常要する期間がおおむね4月以内である場合には、その収益計上について航海完了基準の適用が認められます。

3 **消費税**でも、資産の譲渡等の時期について、法人税と同様、一航海に通常要する期間がおおむね4月以内である場合には、航海完了基準によりその時期を決定することができます。

(解　説)
《企業会計》
(1) 収益認識基準では、企業が約束した財又はサービス（資産）を顧客に移転することにより、履行義務を充足した時に、又は充足するにつれて収益を認識するのが、収益の認識時期の原則です。その資産が顧客に移転するのは、顧客が資産に対する支配を獲得した時又は獲得するにつれてです（基準35項、Ｑ5－1参照）。

この原則によれば、船舶による運送サービスについて、貨物の積卸しをした時ではなく、一航海が完了した時にまとめて収益を認識す

る、航海完了基準の適用は認められません。

　ただし、一定の期間にわたる船舶による運送サービスについて、一航海の船舶が発港地を出発してから寄港地に到着するまでの期間が通常の期間である場合には、複数の顧客の貨物を積載する船舶の一航海を単一の履行義務としたうえで、その期間にわたり収益を認識することができます（指針97項）。これは「航海完了基準」の適用を認めるということです。

　一航海の船舶が発港地を出発してから寄港地に到着するまでの期間が内航海運又は外航海運における通常の期間である場合には、その期間は短期間であると想定され、航海完了基準を適用しても、財務諸表間の比較可能性を大きく損なうものではないと考えられるところから認められている「代替的な取扱い」です（指針170項）。

　この「航海完了基準」は、外航海運についても認められます。むしろ、外航海運にこそ実効性がある、といえましょう。

《法人税》
(2)　法人税においても、航海完了基準の適用が認められています。

　法人税では、役務の提供による収益は、その役務を提供した日に収益計上をするのが原則です（法法22の2①、法基通2-1-21の7本文）。この原則によれば、航海中の港で荷卸しを完了した貨物があれば、その都度収益を計上すべきことになります。

　ただし、運送業における、一の航海（船舶が発港地を出発してから寄港地に到着するまでの航海）に通常要する期間がおおむね4月以内である場合において、その一の航海による運送収入の額をその一の航海を完了した日に収益計上を行う方法を適用することができます（法基通2-1-21の11(3)）。これが「航海完了基準」です。

(航海完了基準と公正処理基準の関係)
(3)　一の航海を完了した日は、運送役務の提供の日に「近接する日」に該当するものとされています。そうしますと、法人税における航海完了基準は、一般に公正妥当と認められる会計処理の基準（公正処理基準）に該当するかどうかのテストをクリアする必要があります。

5 収益の計上時期

収益認識基準では、一航海の期間を「通常の期間」すなわち「短期間」というのみで、具体的な期間の定めはありません。これに対し、法人税では「おおむね4月以内」とされています。法人税が「おおむね4月以内」としているのは、実例に照らして、ほとんどの外航航路における一の航海が通常この程度の期間で完了していると認められるからです。海運業会計では、このような航海完了基準の適用は伝統的な定着した慣行といってよいでしょう。

運送業は一般に同質のサービスを反復継続して大量に提供するものですから、継続適用をする限り、航海完了基準を適用しても、企業の期間損益計算の合理性は十分に担保される、と考えられます。

したがって、法人税における航海完了基準は公正処理基準に該当するものと考えます。

(運送業におけるその他の収益計上基準)

(4) 運送業にあっては、航海完了基準のほか、運送業の特性に応じて、他の収益計上基準も認められています。鉄道・軌道業者等が乗車券等を発売した日に収益計上する「発売日基準」や海運・航空業者等が船舶、航空機等が積地を出発した日に収益計上する「積切出帆（出港）基準」などです（法基通2-1-21の11⑴⑵）。

法人税では、従来、運送期間の経過に応じて日割又は月割等により収益計上する「日割（月割）基準」の適用も認められていました（旧法基通2-1-13⑷）。

ところが、この「日割（月割）基準」は新基本通達では例示されていません（法基通2-1-21の11参照）。それは、「日割（月割）基準」は運送期間按分により収益計上する方法ですから、運送役務の提供の日に「近接する日」が特定できず、「近接する日」と位置づけられないことによるものと考えられます。

しかし、「日割（月割）基準」の適用の余地が全くないのかどうかは議論があるかもしれません。「日割（月割）基準」が公正処理基準に該当するとすれば、そのことを根拠に適用の余地がある、といえます（法法22④）。

《消費税》

(5) 消費税においても、資産の譲渡等の時期に関して航海完了基準の適用が認められています。すなわち、一航海（船舶が発港地を出発してから寄港地に到着するまでの航海）に通常要する期間がおおむね4月以内である場合において、その一航海を完了した日に資産の譲渡等があったものとすることができます（消基通9-1-12(3)）。

これは、上記(2)の法人税の考え方と全く同様のものです。

なお、消費税においても、運送業者の資産の譲渡等の時期に「発売日基準」や「積切出帆（出港）基準」による処理が認められています（消基通9-1-12(1)(2)）。

また、運送期間の経過に応じて日割又は月割等により一定の日に資産の譲渡等があったものとする「日割（月割）基準」の適用も認められます（消基通9-1-12(4)）。

〔使用料等の収益〕

5-17　資産の賃貸借契約による使用料等の収益の計上時期

> **Q** 収益認識基準では、資産の賃貸借による使用料等は、一定の期間にわたる履行義務の充足につれて収益として認識します。
> 　この考え方は、税務にあっても同じでしょうか。税務上だけの特例があるでしょうか。

A　1　**収益認識基準**では、資産の賃貸借による使用料等は、一定の期間にわたって履行義務が充足されていきますので、その履行義務の充足につれて収益として認識します。

2　**法人税**では、資産の賃貸借は「履行義務が一定の期間にわたり充足されるもの」に該当しますから、その使用料等は、基本的に賃貸借期間の経過に応じて、毎事業年度に収益計上することになりますが、その支払を受けるべき日に収益計上を行うこともできます。

3　**消費税**では、資産の賃貸借契約に基づき支払を受ける使用料の額を対価とする資産の貸付けの時期は、その契約又は慣習により支払を受けるべき日とします。

(解　説)

《企業会計》

(1)　収益認識基準では、企業は約束した財又はサービス(資産)を顧客に移転することにより、履行義務を充足した時に、又は充足するにつれて収益を認識します。

　このうち「履行義務を充足するにつれて」というのは、資産に対する支配を顧客に一定の期間にわたり移転することにより、その一定の期間にわたって履行義務が充足され、収益を認識するということです(基準35項)。

資産の賃貸借であれば、その使用料等は、その賃貸借期間の経過に応じて収益として認識します。
　土地や建物、機械装置、器具備品などの賃貸借（金融商品取引及びリース取引を除く。）による使用料収入の認識時期の基準になるものです。

《法人税》
(使用料等の収益の計上時期の原則)

(2)　法人税では、役務の提供による収益は、その役務の提供の日に計上します（法法22の2①）。資産の賃貸借（金融商品取引及びリース取引を除く。）は、顧客にその資産を使用又は利用させるというサービスの提供ですから「役務の提供」といえます。
　その資産の賃貸借は、賃貸借期間にわたってサービスを提供するものですから「履行義務が一定の期間にわたり充足されるもの」に該当します。
　そこで、その履行に着手した日から引渡しの日までの期間において履行義務が充足されていく、それぞれの日が役務の提供の日に該当し、そのそれぞれの日に収益計上を行います（法基通2－1－29、2－1－21の2）。つまり、賃貸借契約に基づく使用料等は、基本的には賃貸借期間の経過に応じて、毎事業年度定額で収益計上をすることになります（法基通2－1－29(注)3）。

(使用料等の収益の計上時期の特例)

(3)　ただし、その資産の使用料等の額（前受額を除く。）について、賃貸借契約又は慣習により支払を受けるべき日に収益計上を行うこともできます。その「支払を受けるべき日」は、役務の提供の日に「近接する日」に該当します（法基通2－1－29）。これは、その支払を受けるべき日に現金が入ってきますから、現金主義による収益計上を認めるということです。
　また、資産の賃貸借契約について係争（使用料の額の増減に関するものを除く。）があるため、支払を受ける使用料等の額が確定せず、支払を受けていないときは、相手方が供託したかどうかにかかわら

ず、その係争が解決して使用料の額が確定し、支払を受けることとなるまで収益計上を見合わせることができます（法基通2-1-29(注)1）。

一方、使用料の額の増減に関して係争がある場合には、収益計上を見合わせることはできません。契約の内容、相手方が供託した金額等を勘案して使用料等の額を合理的に見積もって、収益計上をします（法基通2-1-29(注)2）。その見積額と実際の確定額との差額はその確定した事業年度で調整します。

《消費税》
(4) 消費税では、事業として対価を得て行われる「資産の貸付け」及び「役務の提供」は、資産の譲渡等に含まれ、非課税とされるもの以外は課税対象になります（消法2①八、九）。ここで「資産の貸付け」には、資産に係る権利の設定その他他の者に資産を使用させる一切の行為が含まれます（消法2②）。

そこで、「資産の貸付け」及び「役務の提供」の時期が問題になります。資産の賃貸借契約による資産の貸付けの時期は、その契約又は慣習により使用料の支払を受けるべき日とします（消基通9-1-20）。

上記(3)のとおり、法人税では、この「支払を受けるべき日」は、役務の提供の日に「近接する日」として位置づけ、いわば特例となっています。しかし、消費税では原則的な取扱いとなっていますので、留意を要します。

（資産の譲渡等の時期の特例）
(5) 資産の賃貸借契約について係争（使用料の額の増減に関するものを除く。）があるため、支払を受ける使用料等の額が確定せず、支払を受けていないときは、相手方が供託したかどうかにかかわらず、その係争が解決して使用料の額が確定し、支払を受けることとなる日を資産の譲渡等の日とすることができます（消基通9-1-20）。

一方、使用料の額の増減に関して係争がある場合には、契約の内容、相手方が供託した金額等を勘案して使用料等の額を合理的に見積もり、資産の譲渡等があったものとします（消基通9-1-20(注)）。

これらの取扱いは、法人税のそれと同じです。

なお、消費税では、土地及び住宅の貸付けは非課税になっています（消法6①、別表第一、一、十三）。しかし、そのような非課税取引であっても、課税売上割合の計算などの場面においてその譲渡等の時期が問題になってきます。非課税取引であっても、上述したところにより、「資産の貸付け」の時期を判定します。

5-18 知的財産ライセンスの供与による収益の計上時期

> **Q** 収益認識基準では、知的財産のライセンスによる収益の認識時期を決定するに当たっては、ライセンスを供与する約束の性質を判定し、その判定の結果に応じて、収益を認識することになっています。
> 税務も同様の取扱いをするのでしょうか。

A 1 **収益認識基準**では、知的ライセンスの供与を行った場合には、まず、その知的ライセンスが、①他の資産の移転と一緒であるか、②他の資産の移転と別個であるかを判定したうえ、それぞれの場合の履行義務が、一定の期間にわたり充足されるものか、又は一時点で充足されるものかに応じて、収益の認識時期を決定します。

2 **法人税**では、知的財産のライセンスが、①知的財産へのアクセス権を供与するものである場合には、その履行義務が一定の期間にわたり充足されるものとして、②知的財産の使用権を供与するものである場合には、履行義務が一時点で充足されるものとして、それぞれ収益の計上時期を判定します。

3 **消費税**には、収益認識基準や法人税のような観点から、知的財産のライセンスによる資産の譲渡等の時期を定めたものはありませんが、工業所有権等に実施権を設定した場合や工業所有権等又はノウハウを使用させた場合の資産の譲渡等の時期について定めがあり、これらは基本的に法人税の取扱いと同じです。

(解　説)
《企業会計》
(知的財産のライセンスの意義)
(1) 「ライセンス」とは、一般的には免許や許可を指し、権利者が独占する権利の実行を他の者に許諾すること、といえましょう。収益認識

基準において、ライセンスは、企業の知的財産に対する顧客の権利を定めるものです（指針61項）。その「知的財産のライセンス」には、例えば、次のものに関するライセンスがあります（指針143項）。
イ　ソフトウエア及び技術
ロ　動画、音楽及び他の形態のメディア・エンターテインメント
ハ　フランチャイズ
ニ　特許権、商標権及び著作権

　その知的財産のライセンスによる収益の認識時期を決定するに当たっては、ライセンスを供与する約束の性質を判定しなければなりません。顧客との契約が、財又はサービス（資産）を移転する約束に加えて、ライセンスを供与する約束を含むような場合には、履行義務が単一なのか、複数なのかを識別する必要があるからです（指針144項）。

　その性質の判定に当たっては、ライセンスの時期や地域、用途の制限などは考慮しません（指針148項、149項）。

（ライセンスが他の資産の移転と一緒である場合）

(2)　そこで、知的財産のライセンスを供与する約束が、まず、顧客との契約における他の資産を移転する約束と別個のものでない場合には、ライセンスを供与する約束と他の資産を移転する約束の両方を一括して単一の履行義務として処理します（指針61項）。

　次に、その単一の履行義務が、一定の期間にわたり充足されるものであるか、又は一時点で充足されるものであるかを判定します（基準35項）。

　その結果、「一定の期間にわたり充足される履行義務」であるとすれば、一定の期間にわたり履行義務が充足されますから、その一定の期間にわたり収益を認識します（基準38項）。

　一方、「一時点で充足される履行義務」であれば、ライセンスの目的物に対する支配を顧客に移転する時、すなわち顧客がライセンスを使用してライセンスからの便益を享受できるようになった時点で、一時に収益を認識します（基準39項）。

（ライセンスが他の資産の移転と別個である場合）

(3) 次に、知的財産のライセンスを供与する約束が、顧客との契約における他の資産を移転する約束と別個のものであり、そのライセンスが独立した履行義務である場合には、次のイ又はロのいずれを提供するものかを判定します（指針62項、145項）。

　イ　ライセンス期間にわたり存在する企業の知的財産にアクセスする権利

　　——次の①から③までの要件の全てに該当する場合には、顧客が権利を有している知的財産の形態、機能性又は価値が継続的に変化しますから、この「知的財産にアクセスする権利」を提供するものに該当します（指針63項、65項、149項、150項）。

　①　ライセンスにより顧客が権利を有している知的財産に著しく影響を与える活動（知的財産の形態又は機能性を著しく変化させる活動等）を企業が行うことが、契約に定められ、又は顧客により合理的に期待されていること

　②　顧客が権利を有している知的財産に著しく影響を与える企業の活動により、顧客が直接的に影響を受けること

　③　顧客が権利を有している知的財産に著しく影響を与える企業の活動の結果として、企業の活動が生じたとしても、資産が顧客に移転しないこと

　ロ　ライセンスが供与される時点で存在する企業の知的財産を使用する権利

　　——上記イ①から③までの要件のいずれかに該当しない場合には、この「知的財産を使用する権利」を提供するものに該当します（指針64項）。

(4) そして、上記イの「知的財産にアクセスする権利」である場合には、顧客は企業の知的財産へのアクセスを提供するという便益をアクセスするにつれて享受しますから、一定の期間にわたり充足される履行義務として処理します（指針62項、146項）。

　一方、ロの「知的財産を使用する権利」である場合には、一時点で

充足される履行義務として処理し、顧客がライセンスを使用してライセンスからの便益を享受できるようになった時点で収益を認識します（指針62項）。この場合には、知的財産はライセンスが顧客に供与される時点で形態と機能性の観点で存在しており、その時点で顧客がライセンスの使用を指図し、そのライセンスからの残りの便益のほとんど全てを享受することができるからです（指針147項）。

《法人税》
（アクセス権と使用権の供与によるライセンスの収益）
(5)　法人税でも、知的財産のライセンスの供与による収益の計上時期に関する定めがあります。

　すなわち、次に掲げる知的財産のライセンスの性質に応じ、それぞれ次に定める取引に該当するものとして、収益の計上時期を判定します（法基通2-1-30）。
　イ　ライセンス期間にわたり存続する法人の知的財産にアクセスする権利―――履行義務が一定の期間にわたり充足される取引
　ロ　ライセンスが供与される時点で存在する法人の知的財産を使用する権利―――履行義務が一時点で充足される取引

　そこで、知的財産のライセンスがイの「知的財産にアクセスする権利」に該当する場合には、その契約開始日から契約終了日までの期間において履行義務が充足されていくそれぞれの日が役務の提供の日（法法22の2①）に該当し、そのそれぞれの日に収益計上を行います（法基通2-1-21の2）。すなわち、ライセンスの契約期間の経過に応じて収益を計上します。

　一方、ロの「知的財産を使用する権利」に該当する場合には、その契約開始日が役務の提供の日（法法22の2①）に該当し、その収益は、契約開始日に計上します（法基通2-1-21の3）。すなわち、その使用を許諾した時点で一時の収益として計上を行います。

　これらの取扱いは、上記(3)の収益認識基準の「ライセンスが他の資産の移転と別個である場合」と同様の考え方によるものです。
(6)　これに対し、法人税には、上記(2)の収益認識基準の「ライセンスが

他の資産の移転と一緒である場合」の観点からの取扱いは定められていません。しかし、収益認識基準と異なる取扱いをするものではないと考えます。

すなわち、その契約に資産を移転する約束に加えて、ライセンスを供与する約束を含むような場合には、履行義務が単一なのか、複数なのかを実態に応じて判断します。そのうえで、単一の履行義務であれば、その履行義務が一定の期間にわたり充足されるものであるか、又は一時点で充足されるものであるかに応じて、収益計上をすることを予定しているものと考えます（法基通2-1-21の2、2-1-21の3参照）。

（工業所有権等の実施権の設定等による収益）

(7) ただし、工業所有権等（特許権、実用新案権、意匠権、商標権又はこれらの権利に係る出願権、実施権）の実施権の設定により受ける対価（使用料を除く。）は、上述した取扱いにかかわらず、次に掲げる日は、その実施権の設定の日に「近接する日」に該当するものとして、収益計上をすることができます（法基通2-1-30の2）。

　イ　その設定に関する契約の効力発生日
　ロ　その設定の効力が登録により生ずる場合のその登録の日

　また、工業所有権等又はノウハウの使用料等については、その支払を受けることとなっている日を、役務提供の日に「近接する日」として収益計上をすることができます（法基通2-1-30の5）。現金主義による収益計上を認める、ということです。

　更に、ノウハウの設定契約に際して支払を受ける一時金又は頭金（返金不要なものを除く。）は、そのノウハウの開示を完了した日に計上します。ただし、そのノウハウの開示をした単位ごとに収益計上をする場合には（法基通2-1-1の6本文）、その都度開示をした日において収益計上を行います（法基通2-1-30の3）。

《消費税》

(8) 消費税には、上記収益認識基準や法人税のような観点から、知的財産のライセンスによる資産の譲渡等の時期を定めたものはありません。

しかし、工業所有権等に実施権を設定した場合の、資産の譲渡等の時期について定めがあります。すなわち、工業所有権等（特許権、実用新案権、意匠権、商標権、回路配置利用権又はこれらの権利に係る出願権、実施権）の実施権の設定については、その設定の契約の効力発生日に行われたものとします。ただし、その設定の効力が登録により生ずる場合には、その登録の日に行われたものとすることができます（消基通9-1-15）。

(9)　また、工業所有権等又はノウハウの提供の時期は、その使用料の額が確定した日とします。ただし、継続適用を条件に、その支払を受けることとなっている日とすることもできます（消基通9-1-21）。

　更に、ノウハウの設定契約に際して支払を受ける一時金又は頭金については、そのノウハウの開示を完了した日とします。ただし、そのノウハウの開示が2回以上にわたって分割して行われ、かつ、一時金又は頭金の支払がほぼこれに見合って分割して行われる場合には、その開示をした日に役務の提供があったものとすることができます（消基通9-1-16）。

　これらの考え方は、法人税のそれと同様のものです。

5-19 売上高等に基づく知的ライセンスの使用料の収益計上時期

> **Q** 収益認識基準では、知的財産のライセンスによるロイヤルティが顧客の売上高や使用量に基づく場合には、例えば、そのロイヤルティが知的財産のライセンスのみに関連しているかどうかを判断し、その結果に応じて収益の認識時期を決定することになっています。
> この点は、税務においても同様である、と考えてよいでしょうか。

A 1　**収益認識基準**では、知的財産のライセンスによるロイヤルティが顧客の売上高又は使用量に基づく場合には、①そのロイヤルティが知的財産のライセンスのみに関連しているとき、又は②そのロイヤルティにおいて知的財産のライセンスが支配的な項目であるときは、「変動対価」の取扱いを適用せず、顧客が売上高を計上する時又は顧客が知的財産のライセンスを使用する時などに収益を認識します。

2　**法人税**では、収益認識基準と同様に、顧客の売上高又は使用量に基づく知的ライセンスの使用料が、①知的財産のライセンスのみに関連している場合、又は②その使用料において知的財産のライセンスが主な項目である場合には、「変動対価」の取扱いを適用せず、顧客が売上高を計上する時又は顧客が知的財産のライセンスを使用する時などに収益を計上します。

3　**消費税**には、収益認識基準や法人税のような、ロイヤルティが顧客の売上高や使用量に基づく場合といった観点からの、役務の提供の時期を定めたものはありませんが、工業所有権等又はノウハウの使用料に係る役務の提供の時期は、その額が確定した日を原則としますが、契約により使用料の支払を受けることとなっている日とすることもできます。

（解　説）
《企業会計》
(1)　収益認識基準における収益認識のための5ステップのうち、第3ステップである「取引価格の算定」の際には、変動対価の影響を考慮しなければなりません（基準17項(3)、48項(1)）。ここで「変動対価」とは、顧客と約束した対価のうち変動する可能性のある部分をいいます（基準50項）。その変動対価が含まれる取引の例として、値引き、リベート、返金、インセンティブ、業績に基づく割増金、ペナルティ等の形態により対価の額が変動する場合があげられます（指針23項）。

　知的財産のライセンス供与の際に受け取るロイヤルティが、ライセンスを供与した顧客の売上高や使用量に基づき算定される場合には、そのロイヤルティの額が変動しますから、変動対価の考え方で処理をしなければなりません。これが原則的な取扱いです。

（ロイヤルティが売上高や使用量に基づく場合の処理）
(2)　ただし、その知的財産のライセンスが次のイ又はロに該当するときは、それぞれ次のように処理します（指針26項、67項）。

　イ　知的財産のライセンス供与の際に受け取る、売上高又は使用量に基づくロイヤルティが、知的財産のライセンスのみに関連している場合又はそのロイヤルティにおいて知的財産のライセンスが支配的な項目である場合―――次の①又は②のいずれか遅い時において、そのロイヤルティの収益を認識する（指針67項）。

　　現金で受け取る時点で収益認識する「代替的な取扱い」は、認められていません（指針185項）。

　　①　知的財産のライセンスに関連して顧客が売上高を計上する時又は顧客が知的財産のライセンスを使用する時
　　②　売上高又は使用量に基づくロイヤルティの一部又は全部が配分されている履行義務が充足（あるいは部分的に充足）される時

　　ここで「そのロイヤルティにおいて知的財産のライセンスが支配的な項目である場合」とは、例えば、ロイヤルティが関連する財又はサービスの中で、顧客がライセンスに著しく大きな価値を見出す

ことを、企業が合理的に予想できる場合をいいます（指針152項）。
　ロ　売上高又は使用量に基づくロイヤルティがイに該当しない場合
　　───変動対価として、顧客へのライセンスと交換に企業が権利を得ることとなる対価の額を見積もる（指針68項、基準50項～55項）。

《法人税》

(3)　法人税では、資産の販売等に係る契約の対価について、値引き、値増し等の事実により変動する可能性がある部分の金額、すなわち「変動対価」がある場合には、所定の要件を満たすことを条件に、将来の値引きや値増し等の額を合理的に見積もって、収益の額を減額し、又は増額することが認められます（法基通2－1－1の11、Q4－3参照）。

　知的財産のライセンスによる使用料の額が、ライセンスを供与した顧客の売上高又は使用量に基づき算定される場合には、使用料の額が変動しますから、変動対価の取扱いを適用すべきことになります。

（ロイヤルティが売上高や使用量に基づく場合の処理）

(4)　しかし、売上高又は使用量に基づく知的ライセンスの使用料が、①知的財産のライセンスのみに関連している場合、又は②その使用料において知的財産のライセンスが主な項目である場合には、「変動対価」の取扱いは適用せず、その使用料は、次に掲げる日のうちいずれか遅い日に収益として計上します（法基通2－1－30の4）。
　イ　知的財産のライセンスに関連して相手方が売上高を計上する日又は相手方が知的財産のライセンスを使用する日
　ロ　その使用料に係る役務の全部又は一部が完了する日
　　ただし、工業所有権等（特許権、実用新案権、意匠権、商標権又はこれらの権利に係る出願権、実施権）又はノウハウの使用料は、当分の間、その額が確定した時に収益計上をすることができます（平成30年改正法基通経過的取扱い(4)）。

(5)　知的ライセンスの使用料の額が相手方の売上高又は使用量に連動して算定される場合には、その使用料の額が変動しますから、これは「変動対価」ともみられます。しかし、これを変動対価としてその額を見積もるよりは、ライセンスを独立した履行義務として処理する方

が確実で合理的である、と考えます。

　これは、上記(2)イの収益認識基準の処理と同じものです。これに対して、法人税には、上記(2)ロに該当する場合の処理方法の定めはありません。上記(2)ロに該当する場合には、変動対価として処理することになるものと考えます。すなわち、変動する使用料の額を見積もって収益計上をします。

　なお、工業所有権等又はノウハウの使用料の額については、上記原則によらず、継続適用を条件に、その支払を受けることとなっている日に収益計上をすることもできます（法基通2－1－30の5）。

《消費税》

(6)　消費税には、知的財産ライセンスの供与によるロイヤルティが、相手方の売上高や使用量に基づく場合といった観点からの、役務の提供の時期に関する定めはありません。

　ただし、工業所有権等（特許権、実用新案権、意匠権、商標権、回路配置利用権又はこれらの権利に係る出願権、実施権）又はノウハウの使用料に係る役務の提供の時期は、その額が確定した日とします。ただし、継続適用を条件に、契約により使用料の支払を受けることとなっている日を役務の提供の日とすることもできます（消基通9－1－21）。

　これは、法人税の取扱いと同様のものです。

〔その他の収益等〕

5-20　商品券等の発行収益の計上時期

Q 収益認識基準では、商品券等を発行した場合、その発行時には負債として計上しておき、顧客に商品を引き渡した時に収益を認識し、顧客が引き換えに来ないと見込まれる商品券等の収益は、顧客による権利行使のパターンと比例的に収益を認識することになっています。
　法人税では、従来、商品券等の発行時に収益計上することを原則とし、顧客が引き換えに来ないと見込まれる商品券等の収益は、5年経過時に収益に振り替えることになっていましたが、改正があったのでしょうか。

A 1　**収益認識基準**では、商品券等の発行時には「契約負債」として計上したうえ、顧客に商品等を引き渡した時に収益を認識し、顧客が商品と引き換えに来ないと見込まれる商品券等の収益は、発行年度において顧客による権利行使のパターンと比例的に収益を認識します。
2　**法人税**では、商品券等の発行時には負債として計上したうえ、顧客に商品を引き渡した時に収益を計上し、顧客が商品と引き換えに来ないと見込まれる商品券等の収益は、発行日から10年が経過した日に計上するのが原則です。
3　**消費税**では、商品券等の発行は不課税ですから、商品券等の発行時には消費税は生じず、その後の顧客への商品引渡し時に売上げに係る消費税が生じますが、引き換えに来ないと見込まれる商品券等の収益は不課税です。

（解　説）
《企業会計》
（販売対価の受取りと収益の認識時期の関係）

(1)　収益認識基準では、企業が顧客から対価を受け取る前又は対価の受取期限が到来する前に、財又はサービス（資産）を顧客に移転した場合には、その時に収益を認識し、契約資産又は債権を貸借対照表に計上します（基準77項）。ここで「契約資産」とは、企業が顧客に移転した資産と交換に受け取る対価に対する企業の権利をいいます（基準10項）。

　逆に、企業が資産を顧客に移転する前に顧客から対価を受け取る場合には、その顧客からの対価の受取時又は対価の受取期限が到来した時のいずれか早い時点で、その対価について契約負債を貸借対照表に計上します（基準78項）。ここで「契約負債」とは、資産を顧客に移転する企業の義務に対して、企業が顧客から対価を受け取ったもの又は対価の受取期限が到来しているものをいいます（基準11項）。

　これは、将来において資産を移転しなければならない履行義務については、顧客から対価の支払を受けた時には支払を受けた金額で「契約負債」を認識し、資産を移転して履行義務を充足した時に、その契約負債が消滅して収益を認識する、ということです（指針52項）。

（返金不要な支払の非行使部分の収益認識時期）

(2)　顧客から企業に返金不要な前払いがされた場合、顧客には将来において企業から資産を受け取る権利が付与されます。そこで、企業はその資産を移転するための準備義務を負い、それを「契約負債」として計上します。しかし、顧客はその権利を行使しないことがあります。その顧客により行使されない権利を「非行使部分」といいます（指針53項）。

　その契約負債のうち非行使部分は、企業に帰属することになります。そこで、その収益の認識時期が問題になりますが、次のイ又はロの場合に応じて、それぞれ次のように処理します（指針54項）。
　イ　非行使部分について、企業が将来において権利を得ると見込む場

合―――その非行使部分の金額につき顧客による権利行使のパターンと比例的に収益を認識する。

　――ここで「企業が将来において権利を得ると見込む場合」とは、過去の実績等に基づき顧客の権利行使割合を合理的に計算でき、それに伴って非行使割合の計算もできるような場合をいうものと考えられます。

ロ　非行使部分について、企業が将来において権利を得ると見込まない場合―――その非行使部分の金額につき顧客が残りの権利を行使する可能性が極めて低くなった時に収益を認識する。

　――この場合の「企業が将来において権利を得ると見込まない場合」とは、過去の実績等が明らかでなく、顧客の権利行使割合を合理的に計算できず、いくらの非行使部分が生じるのか判断できないような場合をいうものと考えられます。

（商品券等の発行収益の認識時期）

(3)　これらの会計処理の典型例は、百貨店やスーパーが発行する商品券等の収益でしょう。商品券等を発行した場合、商品との引換義務は負いますが、一切返金することはありません。

　そこで、商品券等の発行時には、受け取った対価を「契約負債」として計上し、顧客に商品等を引き渡した時に収益を認識することになります。

　そして、顧客が商品と引き換えに来ないと見込まれる商品券等（非行使部分）の収益は、顧客による権利行使のパターンと比例的に収益を認識することを原則とします。すなわち、各事業年度ごとに発行した商品券等の発行額に対する実際に引き換えられた額の割合により、非行使部分の金額を収益として認識するものです（後記(9)(10)参照）。

（従来の取扱いとの相違点）

(4)　従来、商品券等の非行使部分の収益は、一定期間経過後の一時点で負債の消滅と同時に認識するのが会計実務でした（日本公認会計士協会「租税特別措置法上の準備金及び特別法上の引当金又は準備金並びに役員退職慰労引当金等に関する監査上の取扱い」3項(3)参照）。

しかし、これまでの会計実務は「代替的な取扱い」としても認められません（適用指針187項）。今後は、非行使部分について、一定期間経過後の一時点での収益計上は認められず、商品券等の発行事業年度ごとに収益計上をしなければなりません。従来の処理に比べて収益の計上時期が早くなる点に留意を要します。

《法人税》
（商品券等の発行収益の計上時期）

(5) 法人税では、商品券等を発行した対価の額は、その商品の引渡しに応じて、その引渡しのあった事業年度において収益計上を行います。これは、収益認識基準と同様の考え方です。

　従来、商品の引渡日に収益計上をする場合には、所轄税務署長（又は国税局長）の確認を受ける必要がありましたが、その確認は不要になりました。

　そして、商品券等の発行日から10年が経過した日において未引換商品券等がある場合には、その発行対価の額は、その10年が経過した日において収益計上をします（法基通2-1-39）。

　ただし、その10年が経過した日前に、次に掲げる事実が生じた場合には、その事実が生じた日に収益計上をしなければなりません。
イ　法人が発行した商品券等を発行事業年度ごとに区分して管理しないこと又は管理しなくなったこと。
　　──商品券等を発行事業年度ごとに区分して管理しない場合には、商品券等を発行した時に収益計上をしなければなりません。この場合には、引き換えられる商品の原価を費用として見積計上をすることができます（法基通2-2-11）。
　　これらの取扱いは、結果的に従来どおりのものということができます。
ロ　その商品券等の有効期限が到来すること。
　　──百貨店やスーパーが発行する商品券等については、有効期限の定めがあるものはなく、永久に引換えに応じているものと思われます。

ハ　法人が継続して収益計上を行うこととしている基準に達したこと。

　　　——例えば、発行日から一定年数を経過したこと、商品券等の発行総数に占める未引換券数の割合が一定割合になったことその他合理的な基準のうち、法人が予め定めたもの（会計処理方針等で明らかになっているものに限る。）がこれに該当します。

　　この場合には、引き換えられる商品の原価を費用として見積計上することができます（法基通2-2-11）。

（非行使部分の収益の計上時期）

(6)　上述したとおり、非行使部分は、商品券等の発行日から10年が経過した日に計上するのが原則です。

　　ただし、非行使部分は、その商品券等の発行日から10年を経過する日等の前の各事業年度において、その非行使部分の対価の額に権利行使割合（顧客が行使すると見込まれる金額のうちに実際に行使された金額の占める割合）を乗じた金額から既に収益計上された金額を控除する方法など、合理的な方法で収益計上をすることができます（法基通2-1-39の2）。

　　これは、「非行使部分」の収益計上について、収益認識基準における会計処理を法人税でも認めるということです。しかし、法人税では原則的な取扱いではなく、特例的な位置づけとなっています。

（従来の取扱いとの相違点）

(7)　従来、法人税では、商品券等の発行収益は、その発行時に一時に収益計上することを原則としていました。これは、商品券等の発行収益は、将来とも一切返還する必要がなく、発行業者が自由に使用収益することができる「確定した収益」である、という考え方でした。

　　そのため、企業会計とは違った処理であることは承知のうえで、敢えて法人税独自の処理を求めていたものと思われます。基本通達2-1-40の2（返金不要な支払の収益計上時期）や同2-1-40（将来の逸失利益の補塡に充てるための補償金等の帰属の時期）、同2-1-41（補償金等のうち返還しないものの額の帰属の時期）の取扱いとの

整合性が気にはなります。

　また、従来の商品券等の取扱いは、公正妥当な会計処理の原則に該当する、という判例もあります（名古屋地判・平成13.7.16 訟務月報48巻9号2322頁、Q5-4参照）。

(8)　一方、従来、非行使部分は、商品券等を発行してから足掛け5年目の事業年度において収益に振り替えることとされていました（旧法基通2-1-39）。

　ところが、百貨店やスーパーの会計実務では、収益に振り替えた未引換商品券等であっても、その後引換えにくる実績が相当にあるので、その引換損失に備えるため「商品券回収損引当金」を設定しています（前掲・日本公認会計士協会実務指針3項(3)）。その「商品券回収損引当金」も多額になり、企業利益に相当程度のインパクトを与えているような実情からみれば、非行使部分を10年基準で収益に振り替えるというのは、合理的な取扱いであるといえましょう。

《消費税》

(9)　上述したとおり、収益認識基準と法人税にあっては、商品券等の発行対価はその発行時には負債（契約負債）として処理し、商品と引き換えた時に売上に計上します。そして、非行使部分は、10年経過日等に収益に振り替えるか、又は発行した事業年度（又は行使事業年度）に引換割合（権利行使割合）に応じて収益計上を行います。

　そこで、商品券等の発行を巡って、消費税の課税関係がどうなるかが問題となります。

（消費税の取扱例のケース5）

　消費税の取扱例のケース5（商品券等）では、「企業Bは1枚当たり1千円のギフトカードを500枚、合計500千円を顧客に発行した。過去の経験から、発行済ギフトカードのうち10％である50千円分が非行使部分になると見込んでいる。発行した翌期に200千円相当の商品と引き換えられ、消費税を含めて行使された。」というケースを紹介しています。

(10)　このケースの場合、企業会計と法人税では、次のような処理を行い

ます。
(ギフトカード発行時)
　現　　金　500,000　／　契約負債　500,000
(ギフトカード行使時)
　契約負債　240,000　／　売　　上　200,000
　　　　　　　　　　　　　仮受消費税　 16,000
　　　　　　　　　　　　　雑　収　入　 24,000（＊）
　　（＊）非行使部分　50,000円（50枚（500枚×10％）×1,000円）
　　　　　行使割合　48％（216枚÷(500枚-50枚)）
　　　　　非行使金額　24,000円（50,000円×48％）

　これに対し、消費税では、ギフトカードの発行は不課税ですから（消基通6-4-5）、(ギフトカード発行時)には消費税は生じません。その後の行使時に消費税が生じますから（消基通9-1-22）、(ギフトカード行使時)に200千円の売上げに係る消費税16千円を仮受消費税として計上します。非行使部分の雑収入24千円は不課税ですから、消費税は生じません。

5-21 自己発行ポイント等の行使による収益の計上時期

> **Q** 収益認識基準では、商品を販売した際にポイントを付与した場合には、その販売代価のうちポイント相当額は、「契約負債」として計上し、将来そのポイントと商品を引き換えた時又はそのポイントが消滅するときに収益を認識します。
> 　税務にあっても、このような取扱いをするのでしょうか。

A 1　**収益認識基準**では、商品の販売代価のうちポイント相当額は、「契約負債」として計上したうえ、将来そのポイントと商品を引き換えた時又はそのポイントが消滅するときに収益を認識し、権利未行使のポイントは、ポイント付与年度において顧客による権利行使のパターンと比例的に収益を認識します。

2　**法人税**では、ポイントの付与時には負債として計上したうえ、顧客に商品と引き換えたときに収益計上し、権利未行使のポイントの収益は、ポイント付与日から10年が経過した日に計上するのが原則です。

3　**消費税**では、商品の販売の際にポイントを付与したとしても、実際に対価として収受した金銭の額が課税標準になりますから、そもそもポイント相当額を区分するようなことはできません。

（解　説）
《企業会計》
（ポイント等の付与時の処理）

(1)　収益認識基準では、顧客との契約において、既存の契約に加えて追加の財又はサービスを取得するオプションを顧客に付与する場合において、そのオプションがその契約を締結しなければ顧客が受け取れない重要な権利を顧客に提供するときは、そのオプションから履行義務が生じると認識します（指針48項）。

そのオプションから履行義務が生じると認識した場合には、その履行義務に独立販売価格（財又はサービスを独立して企業が顧客に販売する場合の価格）の比率で取引価格を配分します（指針50項、186項）。すなわち、当初の財又はサービスの販売代金の中にオプション相当額が含まれているものとして、財又はサービスの販売代価とオプション相当額を区分し、別々に処理します。

これは、企業が商品を販売した顧客にポイント等を付与する場合の考え方を示したものです。そのポイント等の付与が通常の値引きの範囲を超える場合には、商品の販売代金のうちポイント相当額は、「契約負債」として計上します（指針〔設例22〕参照）。

（ポイント等の行使時等の処理）

(2) そして、そのポイント相当額に係る収益は、将来そのポイントと商品を引き換えた時又はそのポイント等が消滅するときに認識することになります（Q3-6参照）。

一方、契約負債として計上したポイント等で行使が見込まれないものは、顧客による商品との引換えのパターンと比例的に収益を認識します（指針54項）。

これらの取扱いは、商品券等の取扱いと同じ考え方によるものです（Q5-20参照）。

《法人税》

（ポイント等の付与時の処理）

(3) 法人税でも、商品の販売の際に自己発行ポイント等を顧客に付与する場合において、「所定の要件」を満たすときは、継続適用を条件として、その自己発行ポイント等について、その商品の販売とは別の取引に係る収入の一部又は全部の前受け（負債）とすることができます（法基通2-1-1の7）。この「所定の要件」については、Q3-6を参照してください。

この場合、その商品の販売対価の額を、商品の販売収入とポイント等相当額とに合理的に割り振ります（法基通2-1-1の7（注））。

このようにして、前受け（負債）としたポイント等相当額は、将来

そのポイント等と引換えに商品を販売し、又は値引きをするのに応じて、その失効すると見積もられるポイント等も勘案して、その値引き等をする日に収益計上をします。

　この「失効すると見積もられるポイント等も勘案し」というのは、失効すると見積もられるポイント等相当額は、そのまま負債計上を続け、ポイント等の権利行使割合に比例して収益計上する必要はない、ということです。この失効すると見積もられるポイント等を勘案する場合には、過去における失効の実績を基礎にするなど合理的な方法により見積もられたものであること及びその算定の根拠となる書類の保存を要します（法基通2－1－39の3）。

（ポイント等の失効部分の収益の計上時期）
⑷　そして、ポイント等付与の日から10年が経過した日の事業年度末に行使されずに収益に未計上となっているポイント等に係る前受け（負債）の額は、その10年が経過した日の属する事業年度において収益計上します。

　ただし、その10年が経過した日前に、次に掲げる事実が生じた場合には、その事実が生じた日に収益計上をしなければなりません（法基通2－1－39の3）。

　イ　ポイント等を付与事業年度ごとに区分して管理しないこと又は管理しなくなったこと。
　　　――ポイント等を付与事業年度ごとに区分して管理しない場合には、そのポイント等相当額は、商品の販売対価と区分して処理することはできず、商品の販売対価の全額を販売した時に収益計上します。
　ロ　そのポイント等の有効期限が到来すること。
　　　――ポイント等については、有効期限の定めがあるものが少なくありませんから、その有効期限が到来した時には、収益に振り替えます。
　ハ　法人が継続して収益計上を行うこととしている基準に達したこと。

——例えば、ポイント等付与日から一定年数を経過したこと、ポイント等の付与総数に占める未行使のポイント数の割合が一定割合になったことその他合理的な基準のうち、法人が予め定めたもの（会計処理方針等で明らかになっているものに限る。）がこれに該当します。

　以上の自己発行ポイント等の取扱いは、商品券等のそれと同様の考え方によるものといえましょう。

《**消費税**》

(5)　上述したとおり、法人が商品の販売に伴い自己発行ポイント等を付与した場合、収益認識基準と法人税にあっては、そのポイント相当額を前受けの負債（契約負債）として認識し、売上金額から控除します。

　しかし、消費税では、課税標準は課税資産の譲渡等の対価の額です。その「対価の額」は、対価として収受し、又は収受すべき一切の金銭又は金銭以外の物若しくは権利その他経済的な利益の額をいいます（消法28）。

　商品の販売の際にポイントを付与したとしても、実際に対価として収受した金銭が課税標準になりますから、そもそもポイント相当額を区分するようなことはできません。消費税では、上記収益認識基準や法人税のような処理をする余地はありません。

　この点については、Ｑ３-６を参照してください。

5-22 返金不要なスポーツクラブの入会金等の収益の計上時期

> **Q** 収益認識基準では、企業が返金不要なスポーツクラブの入会金等の支払を受けた場合、それが約束した財又はサービスの移転を生じさせるものかどうかに応じて、収益の認識時期を判定することになっています。
>
> 　これは、税務であっても同様でしょうか。税務では、返金不要なものであれば、その支払を受けた時に一時の収益として計上するのでしょうか。

A 1　**収益認識基準**では、企業が返金不要なスポーツクラブの入会金等の支払を受けた場合、それが①約束した財又はサービスの移転を生じさせるものか、あるいは②将来の財又はサービスを移転するものかどうかに応じて、収益の認識時期を決定します。

2　**法人税**では、法人が返金不要なスポーツクラブの入会金等の支払を受けた場合には、原則としてその取引の開始日に収益計上を行いますが、その返金不要な支払が、契約の特定期間における役務の提供ごとに、それと具体的な対応関係をもって発生する対価の前受けと認められる場合には、継続適用を条件に、その特定期間の経過に応じて収益計上をすることができます。

3　**消費税**では、返金不要なスポーツクラブの入会金等であっても、収益認識基準や法人税のような処理はできず、現にその支払を受けたときにその支払額全額について資産の譲渡等があったものとします。

(解　説)
《企業会計》
(1)　企業は、スポーツクラブ会員契約の入会手数料、電気通信契約の加入手数料、サービス契約のセットアップ手数料、供給契約の当初手数

料など、返金不要な支払を受けることがあります（指針141項）。

収益認識基準では、契約における取引開始日又はその前後に、顧客からそのような返金不要な支払を受けた場合には、履行義務を識別するために、①その支払が約束した財又はサービスの移転を生じさせるものであるか、②あるいは将来の財又はサービスの移転に対するものかどうかを判断します（指針57項）。

そして、その返金不要な支払が、次のイ又はロのいずれの場合に該当するかに応じて、それぞれ次のように処理します（指針58項、59項）。

イ　約束した財又はサービスの移転を生じさせるものでない場合
―――将来の財又はサービスの移転を生じさせるものとして、その将来の財又はサービを提供する時に収益を認識する。

　これは、例えば、その返金不要な支払をして会員になれば、サービスの利用料が非会員の利用料よりも安くなる、という場合です。この場合には、その支払を受けた時は「契約負債」として計上し、会員の利用時又は脱会時にその契約負債を取り崩して収益として認識します。

ロ　約束した財又はサービスの移転を生じさせるものである場合
―――その財又はサービスの移転を独立した履行義務として処理するかどうかを判断する。

　この場合には、その財又はサービスの移転を別個の履行義務として処理します。例えば、その返金不要な支払は単に会員資格を認めるといった場合です。この場合には、その入会金は入会時点で収益を認識すべきことになります。

　一方、会員資格（会員権）の付与とともに、将来の利用料金が安くなるといった場合には、支払を受けた入会金は会員資格部分と利用料部分とに配分して、それぞれ収益認識をします。

《法人税》

(2)　法人税では、法人が資産の販売等の取引を開始するに際して、相手方から中途解約のいかんにかかわらず、取引の開始当初から返金不要な支払を受ける場合には、原則としてその取引の開始日に収益計上を

行います。ただし、その返金不要な支払が、契約の特定期間における役務の提供ごとに、それと具体的な対応関係をもって発生する対価の前受けと認められる場合には、継続適用を条件に、その特定期間の経過に応じて収益計上をすることができます（法基通2-1-40の2）。

この「返金不要な支払」には、例えば、次のようなものが該当します。

イ　工業所有権等の実施権の設定対価として支払を受ける一時金
ロ　ノウハウの設定契約に際して支払を受ける一時金又は頭金
ハ　技術役務の提供契約に関連してその着手費用に充当する目的で収受する仕度金、着手金等のうち貰いきりのもの
ニ　スポーツクラブの会員契約に際して支払を受ける入会金

(3)　これは、収益認識基準と同様の考え方に立つものといえます。しかし、法人税では「具体的な対応関係をもって発生する対価の前受けと認められる場合」には、前受処理をすることができます。どのような場合が「具体的な対応関係」をもっているといえるのか、実務的にはなかなか判断が難しいでしょう。

例えば、返金不要なスポーツクラブの入会金が、単に会員資格を認めるという場合には、その入会金は入会時点で収益を計上すべきことになります。

これに対して、その入会金を支払えば、会員資格とともに、利用料が非会員の利用料よりも安くなる、といった場合には、会員資格部分と利用料の前受け部分とに区分し、利用料の前受け部分は、会員の利用時又は脱会時に収益として計上します。

《消費税》

(4)　上述したとおり、法人が返金不要なスポーツクラブの入会金等を収受した場合、収益認識基準と法人税にあっては、その内容や性格を判定し、その結果に応じて収益の計上時期を決定します。

しかし、消費税では、課税標準は課税資産の譲渡等の対価の額です。その「対価の額」は、対価として収受し、又は収受すべき一切の金銭又は金銭以外の物若しくは権利その他経済的な利益の額をいいま

す（消法28）。

　したがって、現に収受した金銭の額が課税標準になります。スポーツクラブの入会金を会員資格部分と利用料の前受け部分とに区分して、課税資産の譲渡等の時期を判定するようなことはできないものと考えます。

5-23 返金不要な保証金、敷金等の収益の計上時期

Q 収益認識基準には、企業が建物等の賃貸借の際に返金不要な保証金や敷金等の支払を受けた場合の、具体的な取扱いはないように思われます。
　一方、税務には、返金不要な保証金や敷金等の支払を受けた場合の具体的な取扱いが明らかにされています。
　両者は、それぞれ別々の取扱いをするのでしょうか。

A　1　**収益認識基準**では、企業が建物等の賃貸借の際に返金不要な保証金、敷金等の支払を受けた場合の明文の取扱いはありませんが、企業が返金不要な契約をした場合の考え方に基づき判断すれば、一般的には、その支払を受けた時に収益を認識すべきことになるものと考えられます。
2　**法人税**では、法人が返金不要な保証金、敷金等の支払を受けた場合には、その取引の開始日に収益計上を行うのが原則であり、その保証金、敷金等が賃貸借期間における賃貸と具体的な対応関係をもって発生する家賃の前受けとすることは難しいものと考えます。
3　**消費税**では、返金不要な保証金、敷金等であっても、返金しないことが確定した時に資産の譲渡等があったものとします。

(解　説)
《企業会計》
(1)　収益認識基準では、契約における取引開始日又はその前後に、顧客から返金不要な支払を受けた場合には、履行義務を識別するために、①その支払が約束した財又はサービスの移転を生じさせるものであるか、②あるいは将来の財又はサービスの移転に対するものかどうかを判断します（指針57項）。

そして、その返金不要な支払については、次のイ又はロの場合に応じて、それぞれ次のように処理します（指針58項、59項、Q5-22参照）。

イ　約束した財又はサービスの移転を生じさせるものでない場合
────将来の財又はサービスの移転を生じさせるものとして、その将来の財又はサービを提供する時に収益を認識する。

ロ　約束した財又はサービスの移転を生じさせるものである場合
────その財又はサービスの移転を独立した履行義務として処理するかどうかを判断し、その財又はサービスの移転を別個の履行義務として処理する。

　企業が建物等の賃貸借に際して返金不要な保証金、敷金等の支払を受けた場合には、この原則に従い、収益の認識時期を判断します。一般的には、借主はその返金不要な保証金、敷金等の支払をしなければ建物等を借りることはできません。したがって、上記ロの場合に該当し、その支払を受けた時に収益を認識すべきことになるものと考えられます。

《法人税》
（返還しない保証金等の収益計上時期）
(2)　法人税では、資産の賃貸借契約等に基づいて保証金、敷金等として受け入れた金額であっても、期間の経過その他賃貸借契約の終了前における一定の事由の発生により返還しないこととなる部分の金額は、その返還しないこととなった日に収益として計上します（法基通2-1-41）。

　ただし、賃貸借の開始当初から返還不要な金額は、この取扱いから除外されます。そこで、賃貸借の開始当初から返還不要な保証金、敷金、権利金、礼金、更新料等は、いつ収益として計上するのか問題になってきました。

（返金不要な支払の収益の計上時期）
(3)　法人が相手方から中途解約のいかんにかかわらず、取引の開始当初から返金不要な支払を受ける場合には、原則としてその取引の開始日に収益計上を行います。ただし、その返金不要な支払が、契約の特定

期間における役務の提供ごとに、それと具体的な対応関係をもって発生する対価の前受けと認められる場合には、その特定期間の経過に応じて収益計上をすることができます（法基通2－1－40の2、Q5-22参照）。

　そこで、賃貸借の開始当初から返金不要な保証金、敷金等は、賃貸借期間における賃貸と具体的な対応関係をもって発生する対価、すなわち家賃の前受けとみることができるのではないか、という議論です。

(4)　確かに、その返金不要な保証金、敷金等を支払えば、賃貸借期間中における家賃は、その支払をしない場合に比べて安くなるかもしれません。そのことを具体的に数額でもって証明できれば、その保証金、敷金等は将来の家賃の前受け（負債）として処理できる余地があるかもしれません。

　しかし、一般的には、その保証金、敷金等が「具体的な対応関係をもって発生する対価」すなわち将来の家賃の前受けである、というのは難しいものと考えられます。保証金、敷金等の支払は、賃貸を許諾する条件であり、その額は家賃の何ヵ月分というのが実務ですから、将来の賃貸と具体的な対応関係をもって、とはいえないでしょう。

　したがって、返金不要な保証金、敷金等は、その取引の開始日に収益計上をすべきものと考えます。

《消費税》

(5)　消費税では、資産の賃貸借契約等に基づいて保証金、敷金等として受け入れた金額であっても、その金額のうち期間の経過その他賃貸借契約の終了前における一定の事由の発生により返還しないこととなる部分の金額は、その返還しないこととなった日の属する課税期間において行った課税資産の譲渡等の対価とします（消通達9－1－23）。

　これは、法人税の取扱いと同様のものです。ただし、消費税の取扱いは、取引の開始当初から返金不要な支払を受ける場合をも包含したものです。消費税には、その保証金、敷金等が将来の役務の提供ごとに、それと具体的な対応関係をもって発生する対価であれば、前受け

とすることができるような取扱いはありません。
　消費税では、淡々と、返還しないこととなる部分の金額をその確定した時に資産の譲渡等があったものとします。

【著者紹介】

成松　洋一（なりまつ　よういち）

　国税庁法人税課課長補佐（審理担当）、菊池税務署長、東京国税局調査第一部国際調査課長、調査審理課長、名古屋国税不服審判所部長審判官、東京国税局調査第三部長を経て、退官。現在、税理士。

〈主な著書〉「減価償却資産の取得費・修繕費」（共著・税務研究会・第15回日税研究賞奨励賞受賞）
　　　　　「法人税申告書　別表四、五（一）のケース・スタディ」（税務研究会）
　　　　　「Q＆A会社法・会計と法人税の異同点」（税務研究会）
　　　　　「Q＆A法人税と消費税の異同点」（税務研究会）
　　　　　「法人税セミナー─法人税の理論と実務の論点─」（税務経理協会）
　　　　　「法人税法─理論と計算─」（税務経理協会）
　　　　　「不良資産処理の会計と税務」（税務経理協会）
　　　　　「法人税裁決例の研究」（税務経理協会）
　　　　　「税務会計の基礎─企業会計と法人税─」（共著・税務経理協会）
　　　　　「圧縮記帳の法人税務」（大蔵財務協会）
　　　　　「試験研究費の法人税務」（大蔵財務協会）
　　　　　「新減価償却の法人税務」（大蔵財務協会）
　　　　　「消費税の経理処理と税務調整」（大蔵財務協会）
　　　　　「グループ法人税制の実務事例集」（大蔵財務協会）
　　　　　「税務上の評価損の実務実例集」（大蔵財務協会）
　　　　　「最近の法人税改正の実務事例集」（大蔵財務協会）

本書の内容に関するご質問は、ファクシミリ等、文書で編集部宛にお願いいたします。(fax　03-6777-3483)
　なお、個別のご相談は受け付けておりません。

　本書刊行後に追加・修正事項がある場合は、随時、当社のホームページにてお知らせいたします。

Q&A収益認識における会計・法人税・消費税の異同点

| 平成31年1月30日　初版第一刷印刷 |
| 平成31年2月5日　初版第一刷発行 |

(著者承認検印省略)

　Ⓒ　著　者　成松　洋一

　　　発行所　税務研究会出版局

https://www.zeiken.co.jp

週　刊「税務通信」発行所
　　　　「経営財務」

代表者　山　根　　毅

〒100-0005
東京都千代田区丸の内1-8-2　鉄鋼ビルディング
振替00160-3-76223

電　話 [書籍編集]　03(6777)3463
　　　 [書店専用]　03(6777)3466
　　　 [書籍注文]　03(6777)3450
　　　 (お客さまサービスセンター)

各事業所　電話番号一覧

北海道	011(221)8348	関　西	06(6943)2251
東　北	022(222)3858	中　国	082(243)3720
関　信	048(647)5544	九　州	092(721)0644
中　部	052(261)0381	神奈川	045(263)2822

乱丁・落丁の場合は、お取替え致します。　　印刷・製本　奥村印刷
ISBN978-4-7931-2415-0

法人税（減価償却）関係

《2018年10月1日現在》

〔第2版〕
具体例でわかりやすい 耐用年数表の仕組みと見方

前原 真一 著／A5判／364頁

定価 2,160円

耐用年数表を適用するに当たって、法令等で定められている事項の基本的な考え方と、耐用年数表の構成と適用方法について、事例と図表を用いてわかりやすく解説しています。個々の減価償却資産について実務上どのように耐用年数を適用していくのか、全100事例を収録。

2017年12月刊

〔改訂第9版〕
実例耐用年数総覧

安間 昭雄・坂元 左・廣川 昭廣 共著／A5判／664頁

定価 5,184円

多種多様な資産を取り上げ、その資産の法令上の区分や、耐用年数は何年を適用すべきかといった耐用年数表の使い方について323の質疑応答で解説した好評書。耐用年数の基本事項に加えて、減価償却関係届出書や承認申請書、認定申請書の様式や記載方法も収録。

2017年4月刊

〔改訂新版〕
耐用年数通達逐条解説

坂元 左・廣川 昭廣 共著／A5判／386頁

定価 3,240円

耐用年数通達の基本通達ともいうべき「耐用年数の適用等に関する取扱通達」全文について、その趣旨、狙い、関連事項等を逐条的に解説。本版は、平成28年6月28日付改正通達までを織り込み、経済取引等の変化に伴う事項の修正を行った、7年ぶりの改訂版。

2016年12月刊

〔改訂第七版〕
減価償却資産の取得費・修繕費

河手 博・成松 洋一 共著／A5判／676頁

定価 4,752円

減価償却資産の取得から維持補修までについて、該当する基本通達とその解説（基本通達ケース・スタディ）、豊富な質疑応答により、必要な法令だけでなく裁判・裁決例までも網羅し、具体的に説明。資産管理担当者や経理担当者等に最適な一冊。

2016年6月刊

税務研究会出版局 https://www.zeiken.co.jp

定価は8％の消費税込みの表示となっております。

週刊 税務通信 データベース付き

週刊 税務通信（データベース付き）	51,840 円（税込）
（週刊税務通信と税務通信データベースのセット契約）	※平成30年3月現在の金額となります。

最新の**税務系法令・通達**を収録【72本】※

※平成30年3月現在

法律・政省令・通達を網羅。

法人税法関係、所得税法関係、租税特別措置法関係、消費税法関係、相続税法関係、国税通則法関係、地方税法関係、会社法関係、財産評価基本通達、耐用年数通達…etc

記事内のリンクをクリック、その場で確認！

記事本文、条文に関連法令の記述がある場合、該当する法令ページに直接リンクが張られています。（法令は法令集に収録されているもの）

改正履歴もすぐわかる！

同じ34条でも

記事本文から法令集へのリンクは年度別に指定されているため、新法と旧法の比較も簡単にできます。

条文がスラスラ読める！括弧編集機能付き！

条文のかっこを、一時的に非表示にする機能、階層ごとに色分けする機能があります。

その他、新旧対照表も収録。法令集内で条番号指定検索もできます。

| お問合せ お申込先 | 株式会社 税務研究会 お客さまサービスセンター | 〒100-0005 東京都千代田区丸の内1-8-2 鉄鋼ビルディング https://www.zeiken.co.jp | TEL.03-6777-3450 |